기획하고, 제작하고, 운영하는

1인 미디어
유튜브 크리에이터

선정훈 · 황상현 · 박장원 저

DIGITAL BOOKS
디지털북스

기획하고, 제작하고, 운영하는

1인 미디어
유튜브 크리에이터

| 만든 사람들 |

기획 IT·CG기획부 **| 진행** 양종엽 · 장우성 **| 집필** 선정훈, 황상현, 박장원

표지디자인 원은영 · D.J.I books design studio **| 편집디자인** 이기숙 · 디자인숲

| 책 내용 문의 |

도서 내용에 대해 궁금한 사항이 있으시면
저자의 홈페이지나 디지털북스 홈페이지의 게시판을 통해서 해결하실 수 있습니다.

디지털북스 홈페이지 digitalbooks.co.kr

디지털북스 페이스북 facebook.com/ithinkbook

디지털북스 인스타그램 instagram.com/digitalbooks1999

디지털북스 유튜브 유튜브에서 [디지털북스] 검색

디지털북스 이메일 djibooks@naver.com

저자 이메일 suns0806@naver.com

| 각종 문의 |

영업관련 dji_digitalbooks@naver.com

기획관련 djibooks@naver.com

전화번호 (02) 447-3157~8

서울에서 내려와
지역 크리에이터가 되고픈 분들과 만나다!

2018년, 서울에서 잘 다니던 회사를 몸이 좋지 않아 그만두게 되었습니다. 그 회사는 4명이 모여 스타트업으로 시작하여 어느새 20~30명이 될 정도로 정말 크게 되었습니다. 여러 가지를 도전하였고 그 당시에는 1인 미디어라는 단어도 생소할 때쯤이었습니다. 2015년에 유튜브와 페이스북을 통하여 하나의 채널을 실험하였고 대차게 실패를 하였지만 2016년 에 다시금 새로운 느낌으로 회사의 개인계정을 만들어 하나의 채널을 시작으로 여러 채널을 성공적으로 제작을 하였습니다. 20~40만이상의 팔로워로 구독자가 갑자기 늘어나며 회사는 성장을 했지만 그만큼 저의 건강은 좋아지지 않아 2018년에 결국 퇴사를 하고 부산인 본가로 내려오게 되었습니다. 그리고 이곳에서 크리에이터를 희망하고 하고 싶어하는 분들이 많다는 것을 알게 되었습니다.

그때부터 저는 제가 가진 지식과 노하우를 통하여 크리에이터에 관련된 강의를 하였고, 500명이 넘는 사람들이 저를 통하여 크리에이터 활동을 유튜브를 통해 시작을 하게 되었습니다. 그리고 가끔식 연락이 오면서 '덕분에 지금 잘 하고 있다'라는 말을 들을 때마다 정말 기분이 좋았습니다.

물론 잘 안되시고 포기하신 분들도 있지만 유튜브라는 플랫폼을 통해 자신의 취미, 특기, 그 무엇이든 활동을 꾸준히 하신다면 여러분들에게 많은 기회가 올 것이라고 저는 믿고 있습니다. 지금은 많은 사람들이 크리에이터 활동을 하며 책과 정보가 나오고 있습니다. 그래도 아직 잘 모르고 시작하는 분들이 많은 것 같습니다. 그래서 저는 강의 활동만이 아닌 이 책을 통해서 여러분들이 저의 다양한 경험과 노하우를 확인하고 배워 여러분들만의 콘텐츠를 제작하고 활동을 하였으면 좋겠습니다.

목차

STEP 1   준비하기

STEP 2   제작하기

STEP 3   운영하기

준비하기

1인 미디어의 시대가 대중화가 되어가면서 많은 사람들이 1인 미디어와 크리에이터라는 단어에 집중하게 되고 수많은 검색을 하기 시작하였습니다. 게임, 영화, 드라마, 리뷰, 먹방, 제작, 브이로그, 여행 등 많은 주제를 가지고 자신이 할수 있는 것을 찾아다니며 자신이 하고 싶은 것이 무엇인지를 확인하는 계기가 되기도 하였을 겁니다.

이제는 많은 사람들이 1인 미디어를 자기PR로 사용하기도 하고 자신이 하고 싶었던 것들을 찾아 활용하는 공간으로 사용하기도 합니다. 여러분들은 무엇이 하고 싶어서 1인 미디어를 찾기 시작하였나요? 그럼 지금부터 '내가 하고 싶은 것' '내가 무엇을 할 수 있는가?' ' 난 왜 1인 미디어를 시작하지?'를 같이 생각을 해보며 첫 발걸음을 함께 시작을 해볼까요?

01
CHAPTER

지금 대세는
1인 미디어다

세계가 열광을 할 정도로 트렌드가 된 1인 미디어 크리에이터의 탄생과 대세가 된 이유, 크리에이터에 관련된 여러 가지 플랫폼들의 이야기와그 중 유튜브 플랫폼에서 활동하는 여러 가지 콘텐츠 장르에 대해서 알아본다.

1인 미디어란?

이 책을 읽고 있는 여러분들에게 하나의 질문을 하겠습니다. 여러분들이 생각하는 1인 미디어란 무엇인가요? 2017년 하나의 인터넷 뉴스를 통해 유튜브를 통한 1인 미디어의 수익이 공개가 되며 많은 사람들이 유튜브로 모였습니다. 그리고 각자 자신만의 콘텐츠를 개발하고 제작하기 시작했습니다. 1인 미디어는 초창기에는 자신의 취미 및 특기 등을 단순히 공유하거나 자랑하기 위해 시작을 하였습니다. 그러나 지금은 취미가 아닌 하나의 직업으로 인정을 받을 정도로 기획부터 시작하여 촬영, 영상제작에 이르기까지 많은 작업을 통해 하나의 콘텐츠를 제작하고 시청자들에게 공유를 하면서 자신만의 TV와 같은 방송국을 만들기 시작했습니다.

이제는 누구나 자기만의 최애 채널을 말할 수 있을 정도로 1인 미디어는 대중과 친숙해졌습니다. 그렇기에 사람들은 쉽게 제작자로써 활동할 동기를 얻게 되는 것이겠지요.

이 책은 처음 1인 미디어 크리에이터에 도전하는 사람들을 위한 가이드입니다.

1인 미디어 플랫폼의 종류

1인 미디어의 플랫폼은 대표적으로 아프리카TV, 유튜브, 트위치, 딕톡 등이 있으며 팝콘TV, 네이버 TV, 카카오TV, 비고 라이브 등 여러 라이브 및 영상 업로드 플랫폼이 나타나고 있습니다. 그중 여기서 는 유튜브 플랫폼에 대해서 살펴보고 여러분들에게 알려드리고자 합니다.

유튜브(YouTube)는 전 세계 최대의 무료 동영상 콘텐츠 업로드 플랫폼으로, 1인 미디어 크리에이터 가 영상을 보는 것은 물론, 다른 크리에이터의 동영상을 공유하거나 내가 만든 동영상을 직접 업로드 하여 다른 시청자들에게 공유가 가능하게 만든 플랫폼입니다. 유튜브는 2005년 출범을 하여 2006년 에 구글에서 인수를 시작을 하였고, 2008년 한국에 진출의 시작을 하였습니다. 당시에만 해도 구글이 유튜브를 인수한 것을 많은 사람들이 의문을 가졌으나 현재에는 의문을 가질 필요가 없을 정도로 많 은 사람들이 활용하는 대표적인 사이트로 성장을 하였습니다. 또한 현재의 유튜브는 2018년에 집계 된 자료에 의하면 누적 사용자 수만 130억 명에 달하며, 하루 방문자 수는 약 3천만 명, 분당 300시간 분량의 동영상이 유튜브에 업로드되는 것으로 집계가 된다고 했습니다.

또한, 유튜브는 SNS와는 다르게 팔로우가 아닌 '구독'이라는 시스템을 채용하고 있는데 영상 콘텐츠 가 좋거나 타 채널에 비해 좋은 영상이 많이 올라올 경우 시청자는 구독이라는 버튼을 통해 자신이 자 주 보고자 하는 채널을 선택할 수가 있는 것입니다. 이 구독자 시스템은 단순히 채널의 활성화에만 영 향을 끼치는 것이 아닌 채널을 운영하는 제작자 또한 영향을 많이 끼치게 됩니다. 예로써 국내에 채 널이 100개가 있는데 그중 나의 채널이 100만 구독자가 된다면 나의 채널이 마치 TV의 지상파 채널 처럼 많은 사람들이 찾아보게 되고 1인 크리에이터로써의 영향력도 점점 커지게 된다는 뜻입니다.

즉, 자신이 제작을 하는 영상 콘텐츠가 시청자들에게 마음에 든다면 유튜브의 채널의 성장 속도가 어 떤 매체보다도 빠르고 지금 자신의 성장의 발판이 되며 두터운 팬층의 보유까지 가능할 것입니다.

1인 미디어 크리에이터의 장르

UNIT. 03

유튜브에서는 여러분들이 제작을 하고자 하는 영상 콘텐츠의 장르는 정말로 다양하게 있습니다. 현재에는 패션, 뷰티, 푸드/먹방, 엔터테인먼트, VLOG/일상, 여행, ASMR, 게임, 펫/동물, 과학기술/IT, 영화/애니, 자동차, 음악, 스포츠, 시사/정치, 교육, 사회/종교, 키즈, 경제, 지식/정보, 뉴스, 기타 등으로 분류하고 있습니다.(2021년 10월 기준) 그러나 이 장르들은 어디까지나 여러분들이 영상 콘텐츠를 제작하기 전 채널의 큰 주제를 선택할 때 나오는 장르라고 생각을 하시면 됩니다.

즉, 이 안에서 운동, 다이어트, 먹방, 몰래카메라, 개그 등등 여러 가지의 소주제를 분류하여 여러분들만의 콘텐츠를 제작하는 것이 더욱 중요합니다. 또한, 현재는 다양한 콘텐츠가 제작됨에 따라 하나의 주제로 시작을 하는 것이 중요하긴 하지만 처음부터 두 가지 주제를 혼합하여 시작하는 경우도 많아졌습니다. 예를 들어 예전엔 먹방이라는 콘텐츠만 진행을 하였다면, 요리+먹방으로 요리를 직접 하는 모습과 먹는 모습을 같이 보여주어 시청자들의 관심을 끌어올리는 방식 등으로 하여 두 가지 이상의 주제를 혼합하여 제작을 하는 채널이 늘어나고 있습니다.

그리고 유튜브는 조회 수와 구독자를 통해 채널의 영향력이 늘어나므로 인기 있는 콘텐츠의 주제를 선택하여 제작을 하고자하는 분들이 많습니다. 그러다보니 한때, '장난감'이라는 주제를 이용하여 어린이들의 반복시청과 관심을 이용하여 조회 수를 올리는 경우가 있으나 이 경우에는 반대로 어린이들은 '구독'이라는 개념이 약하기 때문에 구독자가 없어지는 경우가 있습니다. 반면 성인들이 많이 보는 뷰티, 패션 등의 콘텐츠는 조회 수에 비해 구독자가 빠르게 늘어나는 타입입니다. 하지만 성인들의 경우에는 어린이들과는 다르게 반복시청이 확연히 떨어지기 때문에 일정 조회 수를 모으기는 힘이 듭니다.

즉, 채널의 제작자는 자신의 채널이 어떤 방식으로 먼저 성장할 것인지를 정해야하며, 시청자들이 좋아하는 채널의 장르를 파악하고 시작을 하는 것이 매우 중요합니다.

이러한 매체에 따른 인기 있는 콘텐츠를 항상 존재를 하였습니다. 특히 유튜브는 시청자 대부분이 즐기거나 자신의 정보를 찾기 위해 사용하는 경우가 많습니다. 교육용 콘텐츠가 다른 콘텐츠에 비해 조회 수와 구독자가 낮은 경우가 이에 해당합니다. 물론 다른 매체에 비해서는 높게 나올 수도 있지만 다른 콘텐츠에 비해서는 낮게 나오는 어쩔 수 없는 현상입니다. 필자의 경우에도 교육 콘텐츠의 채널의 경우에는 6개월 만에 1000구독자와 평균 조회 수는 800회를 달성했지만 일반 주제의 콘텐츠의 경우에는 2만의 구독자와 평균 3만의 조회 수를 달성했습니다. 이렇듯 교육콘텐츠는 다른 매체에 비해서는 높을지 모르나 일반 콘텐츠에 비해서는 낮게 나오는 편입니다.

그렇기에 여러분들이 조회 수로 수익을 얻으며 콘텐츠를 제작하고자 한다면 인기가 있고 대중성이 있는 주제를 선정하는 것이 중요합니다.

유튜브에서는 인기 있는 채널을 확인할 수 있는 사이트가 여러 가지 있으며 여기에 그 사이트를 정리하였습니다. 여러분들도 해당 사이트에서 인기 있는 주제와 스토리를 확인하고 어떤 주제를 잡아 시작할지 결정해 보시기 바랍니다.

1. Vling(블링) - https://vling.net/

Vling은 유튜브 및 인플루언서 등의 채널들을 검색하여 인기, 브랜드, 광고 등 여러 가지를 이용하여 순위를 매기는 사이트입니다. 순위는 최근 채널들을 분석하여 올라오고 있으며 현재 어떤 주제가 인기가 많은지 파악하는데 도움이 많이 됩니다.

01 Vling(https://vling.net/) 사이트에 접속을 합니다. 순위를 확인하고 싶다면 왼쪽 상단의 [순위 검색]을 클릭한 후 [채널 순위]를 클릭합니다.

02 [채널 순위]를 클릭하면 현재의 화면처럼 국가별로 선택을 할 수가 있으며 자신이 하고자 하는 장르에 맞추어 카테고리별로 나누어진 것을 확인할 수가 있습니다. 또한, 구독자의 수와 자신의 채널의 타겟층에 맞게 구독자 연령까지 선택하여 자신이 하고자하는 채널을 정리할 수가 있습니다.

03 자신만의 장르의 주제와 채널을 검색 후 채널을 자세히 살피고 싶을 경우에는 채널을 선택할 수가 있으며 [채널 선택]을 할 때 아래의 사진처럼 채널을 분석한 자료를 확인할 수가 있습니다.

채널의 자료는 [채널 분석], [영상 분석], [시청자 분석], [광고 단가], [관련 채널 분석]등으로 확인이 가능하며 채널과 영상 분석, 관련 채널 분석은 무료로 가능하나 시청자, 광고 단가는 유료로 결제를 하여야 시청이 가능합니다.

2. 유튜브 랭킹 - https://youtube-rank.com/

유튜브 랭킹은 유튜브 플랫폼에서 활동 중인 채널들을 대상으로 하여 순위를 매기는 사이트입니다. 이 사이트에서도 장르별로 분석이 가능하며 시청자들이 무엇을 위주로 시청을 하는지 파악을 할 수가 있습니다.

01 유튜브 랭킹(https://youtube-rank.com/) 사이트에 접속을 합니다. 접속을 하면 가장 먼저 TOP 300이라고 하여 구독자순, 동영상 순, 재생 순, 조회 순, 이름 카테고리 순 등으로 순위를 확인할 수가 있습니다.

02 채널들이 많이 나오고 자신이 찾고자 하는 장르가 아닐 경우에는 상단에 자신이 생각하는 장르를 선택하고 아래에서 구독자, 동영상, 재생 등의 순서를 선택하면 TOP300 안에 들어가는 채널들이 정리가 되어 나오게 됩니다.

03 정리가 된 채널들 중 자신이 파악하고자하는 채널들을 자세히 보고 싶다면 채널을 선택하여 확인이 가능하며 구독자와 재생, 동영상의 개수 등을 파악할 수가 있습니다.

3. Influencer - https://kr.noxinfluencer.com/

Influencer는 필자가 추천하는 사이트로 유튜브 뿐만 아니라 틱톡, 인스타그램을 포함하여 순위, 분석, 검색 단어 등 여러 가지를 분석하여 제작자 및 채널 운영자에게 도움이 되는 사이트입니다.

01 Influencer(https://kr.noxinfluencer.com/) 사이트에 접속을 합니다. 접속을 하면 중앙에 채널을 검색할 수 있는 부분이 나오자 채널을 검색하는 것이 아닌 순위를 확인하고자 할 때에는 왼쪽 상단의 [인기 순위]를 클릭하면 구독자, 급상승, 평균 조회 수, noxscore, 하락세, 월조회 수 등 여러 가지 방향에 맞추어 확인을 할 수가 있습니다.

02 자신이 선택한 영역에 맞추어 순위가 나오게 되며 각 카테고리를 이용하여 자신이 만들고자 하는 장르와 주제를 설정하여 확인을 할 수가 있습니다.

03 채널을 자세히 살피고 싶을 경우 채널을 선택 후 확인이 가능합니다. 또한, 채널 통계부터 시청자들의 분석, 동영상 분석이 가능하며 광고영상 분석은 오차범위가 크기 때문에 신경을 쓰지 않으셔도 됩니다.

그리고 데이터의 오차범위를 줄이기 위해 상단의 채널 이름 아래에 실시간 통계수정이 가능하여 제작자에게 많은 도움이 될 수가 있습니다.

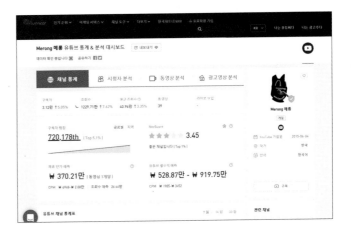

▶ **여기서 잠깐**

Influencer사이트는 채널순위 뿐만 아니라 아래의 사진처럼 그날의 인기 동영상 및 그날의 실시간 검색어 순위를 통해 제작자에게 시청자들에게 인기가 많은 주제가 무엇인지를 실시간으로 확인이 가능합니다.

02
CHAPTER

1인 미디어의 시작

크리에이터로써 활동을 시작을 하고자 한다면 단순한 취미영상이 아닌 한명의 영상 콘텐츠 기획 및 제작자가 되어 철저한 계획 아래에 시작을 하여야 한다. 시작에 필요한 기획방법과 주제에 맞는 장르와 소재 파악 등 기획에 필요한 여러 가지 방법들과 노하우를 알아본다.

유튜버와 크리에이터의 차이점

여러분들은 이제 유튜브 플랫폼을 활용하여 크리에이터 활동을 시작을 하려고 합니다. 그런데 시작하기에 앞서 여러분들이 아셔야 하는 부분이 있습니다. 바로 유튜버와 크리에이터라는 단어의 차이점입니다.

보통은 유튜버와 크리에이터를 같은 단어라고 생각하시는 분들이 정말로 많습니다. 그러나 이 두 개의 단어는 전혀 다른 단어입니다. 특히 크리에이터로써 활동을 시작하려는 분들에게는 더욱 그렇습니다.

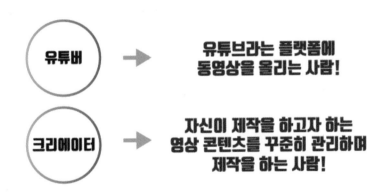

위의 사진자료와 같이 단순하게 비교를 해보아도 유튜버는 '유튜브라는 플랫폼을 이용하여 동영상을 올리는 사람'으로 표현하며 크리에이터는 '자신이 제작하고자 하는 영상 콘텐츠를 꾸준히 관리하며 제작하는 사람'이라고 표현할 수 있습니다.

더욱 자세히 설명을 하면 유튜버는 '유튜브를 이용하여 자신의 취미나 sns에 올리는 사진처럼 자신의 느낌, 감성, 표현을 자유롭게 업로드를 하는 업로더의 느낌'입니다. 그에 반해 크리에이터는 '철저히 개인사업자의 이미지로써 자신의 채널을 브랜드화 하여 시청자에게 기획과 콘셉등을 활용하여 자신만의 방송국을 만드는 것'이라고 이해를 하시면 됩니다.

크리에이터 시작 전
알아야 될 점 및 고민들

크리에이터로써 시작을 하려고 하면 다들 알아야 할 점과 고민들이 많이 생기게 됩니다. 그중 많은 사람들이 질문을 했던 것들을 몇 가지 뽑아 설명을 해보고자 합니다.

① 1인 미디어를 지금 시작해도 될까요? 레드오션인거 아닌가요?

답변: 결론으로는 1인 미디어는 지금 시작하셔도 됩니다.

먼저 1인 미디어 크리에이터를 시작하기에 앞서 사람들은 지금 해도 될까요? 지금 레드오션 아닌가요? 블루오션인가요?에 대해서 고민을 많이 하시는 분들이 많습니다. 먼저 간단하게 블루오션과 레드오션에 대해서 쉽게 설명을 드리자면

- **블루오션** : 현재 존재하지 않거나 알려져 있지 않아 경쟁자가 없는 유망한 시장을 가리킨다.
- **레드오션** : 이미 잘 알려져 있어서 경쟁이 매우 치열한 특정 산업내의 기존 시장을 의미한다.

라고 말할 수 있습니다.

그렇다면 1인 미디어는 어디에 속할까요?

현재 크리에이터 관련 수업을 하고 있는 저자의 입장에서는 두 개의 개념에 속하지 않는다고 설명을 하고 있습니다.

위의 사진처럼 사업에 비유를 하였을 경우에는 카페를 개인 사업으로 시작을 하였을 시 일종의 파이 경쟁으로써 손님은 나누어 가지게 되어 판매를 시작하게 됩니다. 이러한 방식으로 여러 개의 카페가 생기게 되면 수입적인 부분에서 문제가 생기게 됩니다.

즉 레드오션, 블루오션의 개념이 성립이 됩니다. 그러나 크리에이터의 경우에는 이러한 개념이 성립이 되지가 않습니다.

위의 사진처럼 크리에이터는 첫 번째로 같은 장소에서 같은 주제로 영상 콘텐츠를 제작을 한다고 하였을 경우 과연 똑같은 콘텐츠가 제작이 될까요?

전혀 그렇지 않습니다. 촬영장의 분위기, 날씨, 시간, 장소의 선정, 촬영의 구도, 출연자의 느낌 등 여러 가지가 모든 상황에서 다르게 나타납니다.

그리고 두 번째로는 TV채널과는 다르게 유튜브 플랫폼을 활용하기 때문에 같은 시간에 비슷한 제목으로 영상 콘텐츠를 시작을 하여도 생방송이라는 개념이 아니기에 시간이 지나도 볼 수가 있습니다. 즉, 시청자의 입장에서는 하나의 채널에서 영상을 시청 후 다른 채널에 가서 다시 비슷한 주제로 한 영상을 볼 확률이 존재를 한다는 것입니다. 그렇기에 파이경쟁이라는 개념도 존재를 할 수가 없게 되는 것입니다.

이렇게 두 가지 이유로써 크리에이터는 치열하게 싸우는 경쟁이 아닌 공유하는 경쟁이라고 표현을 하고 있습니다. 즉, 지금 크리에이터를 시작하셔도 괜찮다는 뜻입니다.

② 라이브 방송과 녹화방송(유튜브) 중 무엇을 먼저 시작하는 것이 좋을까요?

답변: 저자는 녹화방송을 먼저 하는 것들 추천드립니다.

실제로 시작을 하시는 분들은 대부분 녹화방송을 좋아하십니다. 그러나 인터넷에 돌아다니는 정보를 통하여 '생방송을 먼저 해야 하나?'라고 생각을 하시게 되는 분들도 많아지고 있습니다.

크리에이터의 시작은 녹화방송(유튜브)를 먼저 하시는 것을 추천드립니다.

녹화방송을 추천드리는 이유는 여러 가지가 있습니다.

첫 번째, 여러분들은 방송의 초보자입니다.

크리에이터 활동은 결국 방송활동입니다. 즉, 여러분들은 자신만의 일을 하시다가 이제 막 처음으로 방송이라는 개념을 접하게 되었다는 것입니다. 방송은 다른 직종과는 다르게 다른 사람들에게 나의 것을 보여준다는 개념이 강하기 때문에 조심스러운 부분들이 많이 생기게 됩니다.

특히, 지금처럼 크리에이터 활동이 하나의 트렌드처럼 생기고 있는 요즘에는 방송 초보자들은 생방송으로 먼저 시작하기에는 부담스러운 부분들이 많이 생기게 됩니다. 그 중 얼굴을 공개하지 않고 시작을 하고 싶어 하거나 신체의 일부분만 나오고 싶어 하는 등의 부분은 많은 사람들이 고민을 하는 부분이라고 볼 수가 있습니다.

그렇기에 더더욱 여러분들은 초보자의 입장에서 녹화방송을 통해 방송에 익숙해지는 것을 먼저 시행한 후 생방송을 시작하는 것이 좋습니다.

두 번째는 말실수 부분입니다.

크리에이터 활동이 심화가 되면서 여러 채널이 생성이 되고 있고 TV채널에서는 보여주지 못하는 장면들을 인터넷방송을 통해 보여주는 것이 가능 한 만큼 여러 가지 장면, 여러 가지 말투 등 새로운 것들을 보여줄 수가 있게 되었습니다. 그러나 여러 가지를 보여줄 수 있게 되면서 여러 가지 사고도 같이 생기게 되었는데 그 중 하나가 말실수 부분입니다.

지인이나 친구 등을 통해서 이야기 하던 버릇 그대로 방송에서 할 때는 그것이 콘셉이 아닌 이상 문제가 생길 확률이 매우 높습니다.

특히 2017년 전에는 인터넷에서는 '이 정도는 문제가 없지?'라고 하던 부분에서도 지금에서는 매우 부정적으로 받아들이는 분들이 많아졌기 때문입니다. 그렇기에 생방송에서는 말실수가 일어나게 되면 수정을 할 수가 없다는 문제가 생기고, 한 번의 실수는 '박제'라고 하여 인터넷에 영원히 남기게 됩니다.

이러한 문제 때문에 생방송은 방송 초보에게 많은 문제를 일으키게 됩니다.

저자는 녹화방송을 추천드리는 이유에 이러한 문제 또한 포함이 되며, 녹화방송은 생방송과는 다르게 여러분들이 실수를 하여도 영상편집에서 실수를 제거를 할 수가 있으며, 또한 녹화를 하는 도중에도 실수를 없앨 수가 있다는 점에서 여러분들에게 추천을 드리고 있습니다.

세 번째는 실수를 방지하기 위한 노하우 습득입니다.

녹화방송은 실수를 편집하거나 제거할 수 있는 만큼 여러분들이 방송에 익숙해지기 좋은 수단입니다. 녹화 방송은 제작을 하는 만큼 실력이 늘게 되며, 실력이 늘게 됨과 동시에 자신의 작업량을 줄이기 위하여 실수가 되는 부분을 제거하게 됩니다. 그렇기에 속도가 올라가게 되어 자신만의 노하우가 생성이 되게 되며 방송에 익숙해지게 됩니다. 이럴 때 생방송을 같이 하게 된다면 여러분들에게 정말 많은 도움이 되게 됩니다.

마지막 네 번째로는 방송을 하는데 있어 시청자의 모집에 도움이 됩니다.

실제 생방송과 녹화방송은 채널이 많아짐에 따라 시청자들의 분산도 생기게 되었는데, 그 중 생방송은 녹화방송과는 다르게 경쟁이 TV채널처럼 치열하게 움직이고 있습니다. 그렇기에 시청자를 한 달이나 방송을 하였지만 0~1명일 정도로 작게 시작을 하는 분들도 많아지고 있습니다.

즉, 한 달가량을 방송을 하였으면 시청자가 0~1명이라면 제작자 입장에서는 방송을 하기 싫어지게 되어 포기하시는 분들이 많아질 수도 있다는 뜻입니다.

'그럼 녹화방송은 다른 것인가?'라고 생각을 할 수가 있게 되는데 녹화방송은 시간이 지남에 따라 더더욱 조회 수가 오르는 만큼 시청자와 구독자는 천천히 늘어나는 구조를 가지고 있습니다. 그렇기에 녹화방송을 통해 약1000명의 구독자를 모아 생방송을 시작을 한다면 초기에 생방송을 시작하는 것보다는 더욱 좋은 상황에서 시작을 할 수가 있게 됩니다.

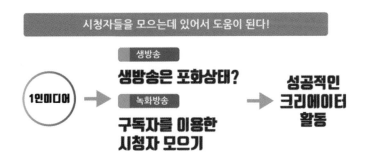

기획을 통한
크리에이터 콘텐츠의 시작

크리에이터로써 활동하기 위해서는 자신의 콘텐츠를 무엇을 어떻게 만들 것인지에 대한 기획이 필요합니다. 특히 지금처럼 유튜브 크리에이터의 시대에는 자신에게 필요한 공부를 하는 도중에도 채널은 생성이 되고 있으며 많이 사라지고 있습니다. 채널을 만들고 콘텐츠를 제작하려면 어떤 주제와 어떤 방식으로, 어떤 느낌으로 제작을 해야 할지에 대해서 준비를 하여야 합니다.

그러기 위해서 필요한 것 중 첫 번째는 자신채널의 롤모델을 구하는 것입니다.

크리에이터의 롤모델은 어떤 방식으로 구해야하는 것일까요?

일반적인 롤모델은 자신만의 주제와 신념, 그리고 여러 가지 상황에 맞추어 연예인, 위인 등을 롤모델로 삼아 활동을 합니다. 그러나 크리에이터로써의 롤모델은 다른 방식으로 삼으셔야 합니다.

저자는 이 방식을 3가지로 잡아 여러분들에게 설명을 하고자 합니다.

Part 01	큰 주제와 관련이 있는 채널을 찾는다
Part 02	100만이상의 대기업 크리에이터는 X
Part 03	롤모델로 잡은 채널은 그냥 보는게 아니다

첫 번째, 큰 주제와 관련이 있는 채널을 찾는다.
두 번째, 100만이상의 구독자를 가진 대기업 크리에이터는 롤모델로 삼지 않는다.
세 번째, 롤모델로 잡은 채널은 영상 콘텐츠를 그냥 보는 것이 아니다.

① 큰 주제와 관련이 있는 채널을 찾는다.

Part 01   큰 주제와 관련이 있는 채널을 찾는다

**콘텐츠
(Contents)**

내가 만들고자 하는 채널과 같은 주제를 하는 채널이어야 도움이 된다

■ 같은 주제를 가진 채널을 롤모델로 잡아야 내가 만들고자 하는 채널의 콘텐츠를 기획할 때 도움이 되기
때문입니다.

롤모델을 선정할 때 가장 먼저 생각해야 하는 것은 자신이 만들고자 하는 채널의 주제와 알맞은 채널을 찾아야 한다는 것입니다. 자신이 만들고자 하는 채널과 주제가 다른 채널을 롤모델로 선정을 하였을 경우에는 100% 좋지 않은 것은 아니지만 자신의 채널에 도움이 되는 경우는 거의 없다고 봐도 될 정도입니다. 그렇기에 롤모델을 선정할 때 가장 중요하게 생각해야 하는 부분은 바로 나의 주제와 같은 주제로 채널을 운영하는 채널을 찾는 것입니다.

② 100만이상의 구독자를 가진 대기업 크리에이터는 롤모델로 삼지 않는다.

Part 02   100만이상의 대기업 크리에이터는 X

**콘텐츠
(Contents)**

100만이상 구독자를 가진 대기업 크리에이터는 가급적이면 하지말자

■ 100만이상의 크리에이터들은 이미 실질적인 구독자층이 완료된 채널들이기에
이제 시작을 하는 초보들이 따라하는건 좋지 않습니다.

롤모델을 선정할 때 두 번째로 생각을 하여야 하는 부분은 100만이상의 골드 유튜브 크리에이터채널입니다. 저자는 100만이상의 구독자를 가진 골드 크리에이터를 롤모델로 선정하는 것을 추천하지 않습니다. 그 이유는 100만이상의 크리에이터는 이미 시청자와 구독자에 의해서 주제 및 제목, 썸네일,

영상 콘텐츠의 내용 등 여러 가지 방면에서 어느 정도는 선을 놓아도 시청자는 그 크리에이터를 보러 오기 때문에 조회 수가 유지가 됩니다. 흔히 말해서 '찐구독자'라고 표현을 하는데 이미 채널의 영상 콘텐츠를 검색하여 찾아오는 것이 아닌 그 채널 자체를 보러 오는 것이라는 뜻입니다.

그렇다면 누구를 롤모델로 삼아야 하는지에 대해서 의구심을 가지게 되는데 저자는 10만에서 30만사이의 채널을 자신의 롤모델로 삼는 것을 추천하고 있습니다. 이제 막 실버 크리에이터가 된 채널의 경우에는 수익이 약 일반 회사원의 월급정도로 나오게 됩니다. 그렇기에 전업으로 바뀌시는 경우가 많아지는데 그 때가 바로 성장기이기 때문에 콘텐츠의 내용, 썸네일, 주제, 제목 등 여러 가지 부분에서 많은 고민과 고심을 통해 나오게 됩니다. 즉, 신입 크리에이터로써 도움을 받을 만한 자료가 많이 나온다는 뜻이기에 롤모델로써 추천을 드립니다.

③ 롤모델로 잡은 채널은 영상 콘텐츠를 그냥 보는 것이 아니다.

Part 03　　**롤모델로 잡은 채널은 그냥 보는게 아니다**

롤모델로 설정한 채널의 영상을 자주 보고 분석하자

콘텐츠
(Contents)

■ 롤모델로 잡았다면 그 채널의 영상 콘텐츠를 보고 분석을 하며 '왜? 이 채널의 영상은 조회수가 잘 나오고, 왜? 이 영상 콘텐츠는 잘 안나오는지'를 분석을 해야 합니다.

'롤모델로 선정한 채널은 시청을 하고 끝내는 것이 아니다'라는 것을 설명하는 부분입니다. 롤모델을 설정하라고 할 때 보통은 롤모델을 설정한 채널을 말 그대로 시청만 한 후에 '이렇게 만들면 되나?'라고 단순하게 생각하시는 경향이 많습니다. 그러나 이러한 방식이 아닌 롤모델을 잡은 채널은 분석을 통하여 자신의 채널에 도움이 되는 부분을 만들어야 한다고 보시면 됩니다. 즉, 단순히 보는 것이 아닌 그 채널의 장단점과 카메라, 콘셉, 기획력, 말하고자하는 내용의 파악 등 여러 가지를 분석하고 나의 채널에 알맞게 추가하기 위해 롤모델을 잡으라는 뜻입니다.

기획에 필요한
소재를 찾는 법과 활용법

기획을 하기 위해서는 여러 가지를 준비를 해야 합니다. 콘텐츠의 주제와 콘셉, 내용, 그리고 내용을 만들기 위한 소재 등 준비를 해야 하는 것이 많습니다. 이러한 준비는 영상 콘텐츠 제작의 기획을 처음 하시는 분들에게는 많은 부담이 되고 무엇을 해야 할지에 대해서도 잘 모르십니다. 그렇기에 기획을 시작하기 전 여러분들이 주제를 정하셨다면 그다음으로 제작하기에 앞서 중요한 소재에 대해서 알아보도록 하겠습니다.

소재란? 각각의 주제에 맞추어 영상 콘텐츠를 제작하기 위한 재료 중 가장 중요한 것입니다. '여행'이라는 주제를 잡았다면 '어디에 갈 것인가?' 이것이 소재가 될 수도 있습니다. 그렇기에 '어디로 가서 무엇을 보여줄 것인가'가 가장 중요한 부분이 됩니다. 아무리 영상이 잘 만들어도 시청자가 그 소재를 모른다면 흔히 말해서 '망한'것이기 때문입니다.

진짜 맛있는 딸기 생크림 케이크 레시피 | 자도르

조회수 153만회 • 3년 전

꾸덕 촉촉 달달! 카라멜 마카다미아 치즈케이크 만들기 Ho...

조회수 2.6만회 • 3년 전

예를 들어 위의 사진처럼 같은 푸드 계열의 주제를 가지고 제작을 하였을 경우에도 소재의 영향을 받아 시청자들에게 시청을 받지 못하는 경우가 많아진다는 뜻입니다. 예시를 들어 봅시다. 왼쪽 영상은 '딸기 생크림 케이크'라는 소재를 이용하여 영상을 제작했고, 153만회 라는 높은 조회수를 기록하였습니다. 하지만 비슷한 소재인 '카라멜 마카다미아 치즈케이크'는 2.6만회의 조회수를 기록하였습니다.

같은 케이크라는 소재를 이용을 하였음에도 불구하고 조회 수의 차이는 많은 차이를 보이고 있습니다. 즉, 기획을 할 때 가장 중요하게 생각을 하여야 하는 것은 소재의 대중성이라고 볼 수가 있습니다.

'딸기 생크림 케이크'는 모르는 사람이 없을 정도로 디저트의 제작에 있어 손꼽힐 정도로 많은 수요가 있습니다. 그렇기에 많은 사람들이 검색을 하여 조회 수를 올릴 수가 있었지만 '카라멜 카다미아 치즈 케이크'는 책을 읽고 있는 독자분들도 아는 사람이 적을 정도로 대중성 부분에서 문제가 있습니다. 즉, 검색이 되지 않아 조회 수를 올릴 방법이 적어진다는 뜻입니다. 이렇듯 소재의 중요성은 기획에 있어서 가장 중요한 부분이라고 볼 수가 있습니다.

그렇기에 이러한 소재의 찾는 방법에 대해서 알아보도록 하겠습니다.

3가지의 소재 발굴하기 방법

Part 01 '지금 이 순간 가장 유행' 하는 것이 무엇인지를 파악하라!

Part 02 달력을 가까이 하라!

Part 03 메모를 하라!(아이디어 노트 들고 다니기)

소재를 찾는 방법으로는 저자는 3가지의 파트로 나누고 있습니다.

> **파트1.** '지금 이 순간 가장 유행하는 것이 무엇인지를 파악하라!'
> **파트2.** 달력은 가까이 하라!
> **파트3.** 메모를 하라!(아이디어 노트 활용하기)

파트 1 '지금 이 순간 가장 유행 하는 것이 무엇인지를 파악하라!'

'지금 이 순간 가장 유행' 하는 것이 무엇인지를 파악하라!

▶ 현재 가장 유명한 것이 무엇인가?
▶ 그 유명한 것을 어떻게 이용할 것인가?
▶ 소재가 과연 나의 콘텐츠에 어울리는가?

NAVER Daum Google

'지금 이 순간 가장 유행 하는 것이 무엇인지를 파악하라!'는 소재파악에 있어서 가장 중요한 첫 번째 입니다. TV채널과는 다르게 유튜브 플랫폼의 크리에이터는 시청자들에게 인기가 많은 것들, 시청자들이 원하는 정보를 찾아서 영상 콘텐츠로 제작하는 것이 조회 수와 구독자에 연계가 되기 때문입니다. 그렇기에 대부분은 이러한 소재를 찾기 위해 '네이버, 다음, 구글'등의 검색 플랫폼을 활용합니다.

여기에서 저자는 네이버와 다음을 제외하고 구글을 추천을 드리는데 구글 사이트는 전 세계적 검색 플랫폼으로 '구글에서 검색이 안 되면 검색할 파일이 없는 것이다'라고 할 정도로 광범위한 플랫폼입니다. 또한 유튜브 플랫폼은 구글에 소속이 되어 있는 플랫폼이므로 구글을 통해 유튜브 사이트를 검색하기도 합니다. 그렇다면 구글 사이트에서 어떻게 소재를 찾으면 되는지에 대해서 알아보도록 하겠습니다.

구글 트렌드
• **주소**: https://trends.google.com

구글 트렌드는 구글 사이트를 통하여 여러 검색어들을 확인할 수 있는 사이트로 단순히 검색어를 확인하는 것이 아닌 1일, 7일, 30일, 1년 등 여러 날짜와 카테고리, 주제 등을 조합하여 현재 시청자들이 가장 많이 검색하는 것이 무엇인지를 확인을 도와주는 사이트입니다. 즉, 현 시점에서 가장 유행하는 것이 무언지를 가장 먼저 파악을 할 수 있다는 뜻입니다.

사용하는 방법은 다음과 같습니다.

01 구글에서 '구글트랜드'로 검색하여 '구글 트렌드' 사이트에 접속합니다.

02 구글 트렌드 사이트에서 아래로 화면을 내리면 금일의 인기 검색어를 확인할 수 있으며, '인기 급상승 검색어 더 보기'를 통해 최근 인기 검색어로 선정된 이유 및 이야기 등을 확인할 수가 있습니다. 이를 통하여 자신의 주제에 알맞은 단어와 소재를 활용하여 영상 콘텐츠를 제작하실 경우 많은 도움이 됩니다.

03 최근 인기 검색어를 통하여 확인한 검색어가 나의 주제와는 어울리지 않을 경우에는 직접 찾아 확인을 할 수가 있습니다. 구글 트렌드의 상단 검색어 부분을 찾아서 자신이 생각하고 있는 주제의 단어를 입력합니다.

04 검색어의 단어를 예제로 '부산 여행'을 입력하여 확인을 하였을 경우 사진자료와 같은 화면을 확인할 수 있습니다. 자신이 입력한 단어를 기준으로 하여 구글에서 현재 시청자들이 확인중인 단어의 관심도를 확인이 가능하며 나라, 기간, 카테고리, 웹 검색 등을 활용하여 더욱 자세히 확인이 가능합니다.

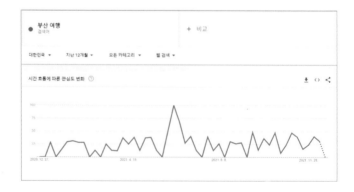

여기에서 저자는 기간을 7일로 줄여 확인을 해보면 그래프에서 100이라는 숫자를 확인할 수 있습니다. 이 숫자는 표시하고 있는 날짜와 시간대에 사람들이 단어를 이용하여 검색을 많이 하였다는 것을 표시해 주는 기능입니다.

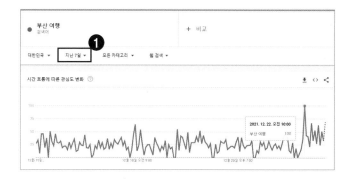

더욱 아래로 화면을 내리면, 다음과 같이 어느 지역에서 이 단어를 주로 검색을 하였는지 확인이 가능합니다.

관련 주제 탭을 확인하시면 '부산 여행'과 관련된 다양한 키워드를 확인할 수 있습니다. 이를 참고하여 콘텐츠를 제작한다면 많은 도움이 되니 참고하시길 바랍니다.

달력을 가까이 하라!

▶ 우리나라의 달력을 보면 정말 많은 행사들이 있다.

▶ 우리나라의 달력을 보면 정말 많은 축제들이 있다.

▶ 우리나라의 달력을 보면 정말 많은 콘텐츠 소재들이 있다.

'달력을 가까이 하라!'는 소재를 찾는데 있어서 인터넷 플랫폼만이 아닌 우리나라의 특성을 활용해서 콘텐츠를 제작하라는 뜻입니다. 우리나라는 1월부터 12월까지 여러 가지 고정 행사 및 축제가 많이 있습니다. 이러한 행사들은 날짜가 미리 공지가 되거나 고정이 되어 있어 미리 제작이 가능한 장점이 있어서 콘텐츠를 제작하는데 있어 많은 이득을 가질 수가 있습니다.

1월	- 새해의 시작 - 신년회
2월	- 명절인 설날 - 발렌타인 데이
3월	- 3.1절, 1학기 개학시즌 - 화이트 데이
4월	- 식목일 - 벚꽃축제
5월	- 어린이, 어버이, 스승 등의 가족행사 - 여러가지 놀이공원 축제
6월	- 호국보훈의 달 - 수국축제
7월	- 방학의 시작, 바캉스 - 여름준비
8월	- 바캉스데이 - 여행, 축제
9월	- 2학기 개학시즌 - 추석
10월	- 가을 여행 - 한글날
11월	- 빼빼로데이 - 술 관련 축제들
12월	- 망년회 - 크리스마스

위 사진은 저자가 간단하게 정리한 우리나라에서 열리는 행사 및 축제, 명절 표입니다. 이렇듯 우리나라에서는 여러 가지 행사와 축제가 고정으로 열리는 것들이 많으며 이러한 일정들은 고정이 되어 있는 만큼 시청자와 구독자들에게 잘 알려져 있습니다.

즉, 행사가 시작하기 일주일 전부터 미리미리 시청자와 구독자들은 행사와 축제에 관련된 정보를 모으기 시작하고 그에 따라 구글과 유튜브 플랫폼 또한 많은 조회 수를 올릴 수 있는 기회의 장이 되어 왔습니다.

또한, 일정이 정해진 일상적 행사 뿐만 아니라 아래의 사진 처럼 네이버와 다음 등의 포탈을 활용하면 다양한 축제와 행사들을 확인 가능합니다. 이를 이용하여 자신의 주제와 어울리는 일정을 찾아 콘텐츠를 제작한다면 많은 도움이 될 것입니다.

▲ 다양한 축제를 활용하여 컨텐츠를 기획해보자.

파트 3 메모를 하라!(아이디어 노트 활용하기)

메모를 하라!(아이디어 노트 들고 다니기)

▶ 길을 가다 생각나는 것들을 적어두기

▶ 지금 당장 안쓰더라도 후에 소재소갈이 일어났을 경우 활용

▶ 가장 잘 알지만 가장 안지켜지는 것 중 하나!

'메모를 하라!'는 어릴 적부터 어른들이 말해온 아이디어 노트를 활용하라는 뜻입니다. 사람들은 거리를 걷거나, 친구랑 이야기를 나누거나 등의 활동을 하다 보면 어느새인가 좋은 아이디어를 띠오르게 됩니다.

이러한 아이디어들은 적어두거나 저장을 해두지 않는다면 다음 기회에 콘텐츠를 제작하고자 할 때 기억이 나지 않게 됩니다. 그렇기에 이러한 아이디어들은 미리미리 적어두는 것이 좋은 방법입니다.

콘텐츠를 기획할 때 조심해야 할 점

콘텐츠의 기획을 제작 하시다보면 주제, 콘셉, 스토리 3가지는 꼭 들어가는 핵심 포인트입니다. 여기에서 이 3가지의 핵심 포인트를 제작을 하시다보면 조심해야 하는 점들이 있습니다. 이 조심해야 하는 점들을 저자는 5가지로 분류를 하였습니다.

5가지 조심해야 할 것

Part 01	나는 인기인이다?
Part 02	나는 캐릭터가 있는가?
Part 03	맥락없는 콘텐츠인가?
Part 04	진정성이 존재하는가?
Part 05	타겟은 설정을 하였는가?

① 나는 인기인이다?

'나는 인기인이다?'라는 주제의 첫 번째로 조심하셔야 될 점은 바로 콘텐츠를 제작할 때마다 나오는 자신의 채널의 소개를 말하는 것입니다.

크리에이터를 시작하는 시청자 및 예비 크리에이터들은 대부분이 연예인들처럼 이름이 알려진 분들이 아닙니다. 즉, 콘텐츠를 제작하는데 있어 영상 콘텐츠에 자신의 채널 및 이름 등의 소개가 부족할 경우 시청자들에게 채널의 이름을 기억시키기가 힘들다는 뜻입니다.

위의 사진을 보시면 6명의 크리에이터가 있습니다. 여기에는 독자분들이 아는 크리에이터도 있을 것이고 모르는 크리에이터도 있을 것입니다. 그러나 여기에서 제가 구독자별 크리에이터를 설명을 하려는 것이 아니라 잘되는 크리에이터들과 구독자가 올라가는 속도가 느린 크리에이터들을 비교를 해보면 결정적인 것이 하나가 있습니다.

대부분의 시청자들은 **내가 누구인지 모른다!**

바로 채널의 소개부분이 부족하다는 것입니다. 유튜브 플랫폼은 전 세계적 플랫폼인 만큼 많은 사람들이 시청을 하게 됩니다. 우리나라 사람만이 아니라 외국인을 타겟으로 하여 시청자들을 끌어모을 수도 있다는 뜻이죠. 그렇기 때문에 각 영상 콘텐츠를 만들 때마다 자신의 채널을 소개를 한다는 것은 매우 중요한 부분입니다. 그러나 대부분의 크리에이터들은 이 부분을 잘 알아차리지 못합니다. 특히나 채널의 첫 번째 영상을 채널소개 영상으로 제작한 다음 두 번째 영상부터는 소개가 완벽하게 빠지는 경우가 대부분입니다.

자! 그렇다면 어떻게 해야 할까? 고민을 하게 됩니다. 답은 간단합니다. 영상 콘텐츠를 제작하는데 있어 항상 앞부분에 채널의 소개 부분을 넣으시면 됩니다. 물론, 소개를 넣다보니 너무 영상이 지루해지는 것이 아닌가 생각을 할 수도 있으나 소개를 너무 길게 하실 필요는 없습니다.

에를 들어 '안녕하세요. 시청자 여러분! 00채널의 누구입니다' 이렇게 간단히 소개를 한 다음 오늘 할 콘텐츠를 설명하며 시작한다면 매우 간단하게 시청자들에게 '나'라는 채널을 인식 시킬 수가 있게 됩니다.

즉, 유튜브를 시청하는 시청자들은 우리나라의 사람뿐만이 아니라 외국의 시청자들 또한 언제나 새롭게 유입이 되고 있기에 100만이상의 구독자를 가진 채널이라도 자신이 시청하는 주제와 관련이 없다면 모르는 채널이 되기 일수입니다. 그렇기에 100만이상의 크리에이터들도 자신을 소개하는 부분을 강조하며 영상 콘텐츠를 제작을 하고 새로운 주제와 색다른 내용, 새로운 방식을 언제나 연구를 하며 자신이 등장하거나 소개를 하여야 할 부분을 만들어 제작을 하기도 합니다.

Part 01 나는 인기인이다?

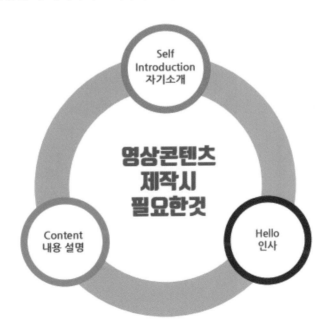

여러분들도 영상 콘텐츠를 제작할 때, 꼭 자기소개와 인사, 콘텐츠의 내용 설명 등 영상 콘텐츠를 제작함에 있어 필요한 부분들을 꼭 기억하시고 제작하길 바랍니다.

② 나는 캐릭터가 있는가?

Part 02 나는 캐릭터가 있는가?

[**하나의 분야에서 시청자들의 기억속에 남기 위해서는 TV방송처럼 하나의 캐릭터를 잡는것이 매우 좋다**]

'나는 캐릭터가 있는가?'에서는 콘텐츠를 기획함에 있어 출연자의 캐릭터를 만들어 콘텐츠의 퀄리티를 올려주는 역할을 말합니다. TV에서 나오는 예능, 드라마, 개그, 영화 등 각자의 영상 콘텐츠에는 콘셉이 맞는 각자의 출연자들의 캐릭터가 있습니다. 이러한 캐릭터들은 있고 없고의 차이가 시청자들의 집중도에 엄청난 차이를 보입니다. 예를 들어 예능에서 자주 나왔던 '이광수'라는 사람을 떠올리면 사람들이 '배신자, 기린, 아시아프린스' 등 여러 가지 캐릭터를 떠올리듯이 캐릭터가 있고 없고의 차이는 채널의 성장에 많은 곳에서 보이게 됩니다.

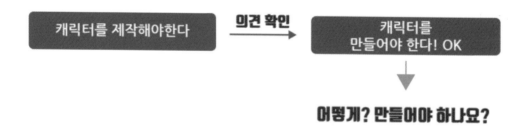

위의 사진과 같은 과정을 통해 캐릭터를 제작하려고 한다면, 많은 어려움을 겪을 수 있습니다. 그렇다면 쉽게 캐릭터를 만들 수 있는 방법은 무엇일까요?

실제로 수많은 오프라인 강의를 하다 보면 캐릭터를 잡는 데 있어서 많은 고민을 하게 됩니다. 그러나 캐릭터는 남이 잡아주기도 하고 자신이 직접 만들기도 하는 만큼 생각을 많이 하면 할수록 어려워집니다.

캐릭터는 단순하게 생각하면 정말 쉽게 제작을 할 수가 있습니다.

예를 들어 키워드를 '산', '고기', '먹방'을 잡아 콘텐츠를 제작을 한다고 하였을 때, 여러분들은 어떤 캐릭터가 생각이 나시나요? 저자는 이러한 키워드를 가지고 제작을 한다면 '산에서 고기를 먹방한다.'를 생각하여 '산에서 밥을 먹는 사람들은 누가 있을까?'라고 고민하게 될 것이고 거기에 맞추어 '산적'이라는 키워드를 알아낼 것입니다. 이를 통해 '산적 먹방' 등의 채널 캐릭터를 만들 수가 있을 겁니다.

즉, 영상 콘텐츠에 산적 복장 같은 호피무늬의 옷을 입고 등장하여 콘텐츠를 진행을 하는 것입니다. 이렇게 캐릭터는 간단하게 생각을 하면 쉽게 캐릭터 제작을 할 수가 있습니다. 여러분도 콘텐츠를 제작하기에 앞서 캐릭터의 제작을 꼭 생각을 해주시기 바랍니다.

③ 맥락 없는 콘텐츠인가?

크리에이터로 활동하면서 기획을 하다 보면 자연스럽게 콘텐츠의 고갈이 느껴지게 됩니다. 그럴 때 보통 생각하는 것이 '완전히 다른 콘셉을 제작하면 어떨까?'라는 생각을 많이 하게 됩니다. 이러한 생각은 정말 안 좋은 생각입니다. 특히나 최근에는 유튜브 플랫폼에서 채널이 많아지는 만큼 채널의 주제를 바꾸는 것은 정말로 추천드리지 않고 있습니다.

하나의 주제를 선정하여 콘텐츠를 제작하고 구독자를 모아 채널을 유지하는 것이 지금의 크리에이터의 형태입니다. 즉, 시청자들은 채널이 많아지는 만큼 자신이 보고자하는 정보와 질, 내용, 재미 등 여러 가지 방면에서 채널을 선택하고 시청을 하게 됩니다. 거기에서 구독까지 올라가게 되죠. 그러나 구독을 해놓은 채널이 갑자기 주제를 바꾸어 다른 콘텐츠를 올리게 된다면 구독자는 그 채널의 영상을 보지 않게 됩니다. '내가 원하는 정보가 있던 채널인데 갑자기 다른 영상을 올린다?'

즉, 내가 이 채널의 영상을 볼 이유가 사라졌기 때문입니다.

그러나 이러한 이야기를 듣다보면 가장 많이 나오는 질문이 있습니다.

Q. 다른 크리에이터들을 보면 이것도 하고 저것도 하고 마구 하는 크리에이터도 있는데, 저는 왜 하면 안 될까요?

여기에 대한 답은 그러한 채널들은 대부분 100만 이상의 골드 크리에이터들입니다. 그리고 그러한 크리에이터들의 채널을 보시면 대부분이 초창기에 시작한 크리에이터들이며 생방송과 같이 진행을 하고 있습니다. 그리고 이미 그 정도의 성장이 된 크리에이터들은 구독자가 채널의 영상 콘텐츠를 보러 온다기보다는 그 채널의 크리에이터가 무엇을 하고 있는가? 가 더 궁금하기에 보러 오는 것이기에 이미 의미가 없는 것입니다.

④ 진정성이 존재하는가?

'진정성 존재하는가?' 이 주제에서는 영상 콘텐츠를 제작함에 있어 여러분들도 생각을 많이 하셔야 하는 부분입니다. 영상 콘텐츠의 트렌드가 TV에서 인터넷 1인 미디어의 시대로 흐름에 따라 영상 콘텐츠의 스토리와 광고, PPL 등 수익적인 부분에서도 많은 변화를 가져왔습니다.

TV를 통한 영상 콘텐츠를 시청할 경우에는 PPL, 광고 등 여러 가지 수익적인 부분에서 시청자들이 크게 신경을 쓰지 않았습니다. 하지만 시청자들과의 거리가 훨씬 가까운 1인 미디어에서의 PPL과 광고는 시청자들에게 기만으로 비쳤습니다. 왜냐하면 1인 미디어는 리얼리티를 중요하게 생각하기 때문입니다.

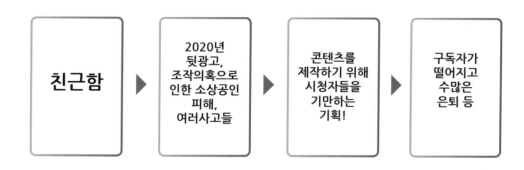

크리에이터들은 라이브 방송 특유의 친근함으로 인기를 끌었습니다. 하지만 몇몇 크리에이터들은 시청자들의 친근함을 악용했습니다. 그들은 광고가 아니라고 말하며 광고를 진행하는 소위 '뒷광고'를 진행했으며, 이러한 기만행위에 지속적으로 노출된 시청자들은 크리에이터의 행위에 의심을 품기 시작했습니다.

2020년에 시작된 뒷광고 사태 이후로 신뢰와 애정을 기반으로 구축되어있던 크리에이터와 시청자간의 관계는 무너졌고, 여러 논란이 끊이지 않았습니다. 그래서 상호간에 의심이 생기지 않도록 광고영상에는 표시를 하는 규정이 생겼습니다.

몰래카메라 콘텐츠의 주의점

컨텐츠로써 몰래카메라 형식의 컨텐츠를 만드는 것은 괜찮습니다. 다만 광고 영상과 마찬가지로 '연출된 장면입니다.'라는 말을 명시해두어야 논란으로부터 안전할 수 있습니다.

[처음부터 몰카형식으로 조작을 해서 하는 것을 콘텐츠로 삼아 하시는 것은 콘텐츠 주제이기 때문에 문제가 없음]

⑤ 타겟 설정은 하였는가?

'타겟 설정은 하였는가?'는 독자분들이 기획하기 전 '어떤 시청자들에게 나의 영상을 보여주게 할 것인가?'를 고민하는 단계입니다. 타겟층은 여러 가지로 분류를 할 수 있습니다.

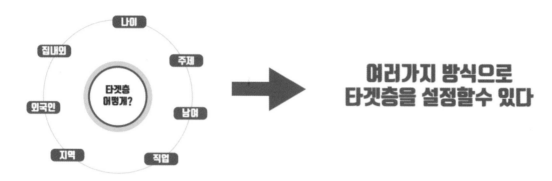

위의 사진과 같이 타겟층의 종류는 다양하게 생성이 됩니다. 단순하게 나이별로 나눌 수도 있으며, 남녀별, 직업별, 지역별, 나라별 등 여러 가지로 분류가 가능합니다.

그렇다면 이러한 타겟층을 설정하지 않고 기획을 하게 된다면 어떻게 되는 것일까요?

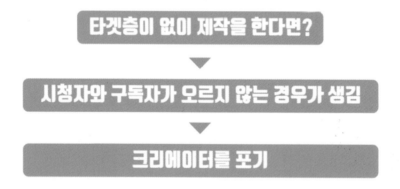

타겟층이 없이 제작하게 될 경우에는 많은 문제가 생길 수가 있습니다. 그중 대표적인 것은 주 시청자층이 없기에 구독자가 빠르게 늘어가지 않게 됩니다. 또한, 예를 들어 어린이 시청자들이 좋아하는 장난감 위주의 방송을 하다가 어른들이 봐야 할 장난감을 영상 콘텐츠로 제작을 하게 된다면 주제는 장난감 리뷰라는 것으로 통일은 되지만 시청자층이 나누어지게 되어 오히려 어린이 시청자들에게는 채널의 영상을 보지 않게 되는 상황이 연출이 되게 됩니다. 독자분들이 부모님이라면 어린이들이 보는 채널에서 갑자기 성인 장난감 리뷰가 나온다면 그 채널을 시청하게 놔둘 것인가요?

이렇듯 타겟층을 어떻게 설정하는가에 따라 주 시청자층이 확실하게 정해지므로 그에 따른 조회 수와 구독자가 빠르게 상승하게 됩니다.

이렇게 총 5가지로 분류를 하여 기획 시 조심해야 할 점을 적어보았습니다. 독자분들도 이러한 부분을 생각하셔서 기획을 하시면 좋은 영상 콘텐츠를 제작할 수가 있을 것입니다.

03 CHAPTER

영상 콘텐츠 제작에 알아야 할 저작권

크리에이터가 대세가 되면서 영상 콘텐츠를 제작함에 따라 필요한 저작권의 중요성이 대두가 되고 있다.
이에 영상 콘텐츠를 제작을 할 때 알아야 하는 기본적인 저작권에 대해서 알아보고 이를 이해하여 나의
채널의 운영을 시작한다.

일반 저작권과
유튜브 관련 저작권의 차이

🎛 저작권이란?

'저작권이란, 저작자가 자신이 저작한 저작물을 독점적으로 이용하거나 이를 남에게 허락할 수 있는 인격적·재산적 권리. 저작물의 복제·번역·상연·상영·전시·방송·대여 등을 내용으로 하며, 그 권리는 저작자가 죽은 뒤에도 50년간 존속된다. 그리고 저작권법으로 보호받는 것을 뜻합니다.

▌저작권이란?

---

① 일반 저작권이란

사람은 평생 자신의 생각이나 감정들을 표현하며 살아갑니다. 다른 사람과 가벼운 의사소통이나 자신의 생각을 주장하기 위해서 또는 자신의 연구나 창작 활동의 결과물로 많은 표현들을 만들어 내고 있습니다. 그리고 이러한 표현은 참 다양합니다. 작은 몸짓에서부터 말이나 글, 그림, 음악, 사진, 영화 그리고 컴퓨터 프로그램 등 복잡하고도 다양한 형태의 표현들이 많이 있습니다.

저작권은 이렇게 사람의 생각이나 감정을 표현한 결과물에 대하여 그 표현한 사람에게 주는 권리입니다. 마치 물건의 주인이 갖게 되는 소유권처럼 자신이 만들어 낸 표현에 대해 가지는 권리이지요. 그리고 그러한 표현의 결과물을 '저작물'이라고 합니다.

사람의 생각이나 감정을 표현한 것이라고 해서 모두 저작물로 보호를 받는 것은 아닙니다.

예를 들어, 일상생활에서 자주 쓰이는 간단한 문장들, 사건을 보도하기 위해 사실 그대로를 정리한 글, 또는 단순히 이름순으로 정리한 전화번호부 같은 것들은 누가 하더라도 같거나 비슷하게 할 수 밖에 없는 것이어서 창작적인 표현이 아니라고 보기 때문에 저작물로 보호하지 않습니다. 하지만 남의 것을 베끼지 않고 스스로 창작한 것이라면, 어린이의 글이나 그림도 충분히 저작물로 보호를 받을 수 있습니다. 여러분이 베끼지 않고 한 숙제나 일기, 직접 그려 만든 캐릭터들도 모두 보호받는 저작물이지요.

이러한 저작권은 저작물의 창작성이 인정되면 자연히 발생하는 것이라서 공개하지 않은 것이라도 저작물로 보호를 받게 됩니다.

BGM(음악), 폰트, 이미지 (사진,영상 등)의 저작권에 대하여

크리에이터로 활동을 시작하게 되면 가장 많이 걸리는 문제는 저작권입니다. 그러나 우리는 법조계 사람이 아닌 이상 저작권에 대해서 많은 것을 알진 못합니다. 그래서 이번에는 크리에이터에 관련된, 유튜브 플랫폼에 관련된 저작권에 대해서 알아보도록 하겠습니다.

크리에이터와 유튜브 플랫폼에 대한 저작권 중 가장 중요하게 알아야 하는 3가지는 음악(BGM), 폰트, 이미지입니다.

① 음악(BGM)

크리에이터 활동을 하면서 가장 많이 겪게 되는 저작권 문제는 음악 부분입니다. 음악은 제작하기가 까다롭기 때문에 무료로 사용할 수 있는 자료를 찾는 사람도 많고, 어떻게 해야 저작권 문제를 피하며 사용이 가능한지 알아보는 사람들이 많습니다. 그래서 이번에는 음악 저작권을 침해하지 않으면서 음악을 사용하는 방법을 알아보도록 하겠습니다.

가. 음악 저작물 침해 신고

'음악 저작물 침해 신고'는 유튜브 플랫폼을 이용하면서 대중가요, 저작권 있는 음악을 사용했을 시 채널에 걸리게 되는 저작권 관련 문제입니다. 예비 크리에이터와 기존 크리에이터분들이 가장 많이 걸리는 저작권 문제인데 '나의 채널에 문제가 생기지 않을까?'라는 생각을 가장 많이 하게 되는 부분입니다. 그러나 이 부분에 대해서는 걱정을 하지 않으셔도 됩니다.

여기에 대해서 자료 사진과 같이 설명을 해보겠습니다.

저작권 신고의 첫 번째 유형입니다.

여러분들이 실제로 가장 많이 보게 될 침해 신고입니다. 침해 신고는 설명에 적힌 대로 수익을 창출할 수 없다고 뜨고 있습니다. 즉, 저작권 침해 신고는 말 그대로 채널에는 문제가 생기지 않고 수익직인 부분에서만 문제가 생긴다는 뜻입니다. 수익을 포기한다면 아무런 문제가 생기지 않는다는 것입니다.

> 저작권 침해 신고
> 저작권 침해 신고로 인해 수익을 창출할 수 없는 동영상입니다.
> 착오라고 생각되면 세부정보를 검토하고 소유권 주장에 이의를 제기하세요. 이의 제기가 해결될 때까지 수익 지급이 별도로 보류됩니다. 자세히 알아보기
>
> 세부정보 보기

저작권 신고의 두 번째 유형입니다.

눈동자 부분이 노랗게 표시가 됩니다. 이러한 형태는 기본 형태인 수익적인 부분과 추가로 일부국가에 영상 콘텐츠가 틀어지지 않는 형태입니다. 즉, '저작권자가 지정한 나라를 제외하고는 영상 콘텐츠가 모두 실행이 가능하다.'라는 뜻입니다. 그러나 그 지정한 나라가 나의 나라이거나 타겟층으로 잡은 나라라면 문제가 생길수가 있으니 확인을 하셔야 합니다.

> 저작권 침해 신고 ◉
> 이 동영상에 저작권 보호 자료가 포함된 것으로 확인되었습니다.
> 저작권 소유자가 일부 국가에서 사용을 허가하고 있지만 업로더가 이 동영상으로 수익을 창출할 수는 없습니다.
> 착오라고 생각되면 세부정보를 검토하고 소유권 주장에 이의를 제기하세요. 이의 제기가 해결될 때까지 수익 지급이 별도로 보류됩니다. 자세히 알아보기
>
> 세부정보 보기

저작권 신고의 세 번째 유형입니다.

눈동자가 빨간색으로 표시가 됩니다. 이러한 형태는 수익적인 부분과 일부국가가 아닌 전 세계에 영상 콘텐츠 노출에서 차단이 됩니다. 즉, 아무리 영상 콘텐츠를 잘 만들어 업로드를 하였어도 전 세계에 차단이 되기에 조회 수는 단 1도 올라가지 않게 됩니다. 이러한 음악은 사용 자체가 안 되기에 미리확인을 하는 것이 좋습니다.

저작권 침해 신고 🚫
이 동영상에 저작권 보호 자료가 포함된 것으로 확인되었습니다.
따라서 전 세계에서 차단되었으며 이 콘텐츠로 수익을 창출할수 없습니다.
착오라고 생각되면 세부정보를 검토하고 소유권 주장에 이의를 제기하세요. 이의 제기가 해결될 때까지 수익 지급이 별도로 보류됩니다. 자세히 알아보기

세부정보 보기

나. 저작권이 없는 음악을 구하는 방법

저작권이 없는 음악을 구하는 방법은 여러 가지가 있습니다.저작권이 소멸한 음악을 이용하거나 저작권을 무료로 공개한 음악을 사용하는 것이 대표적인 방법입니다. 이번에는 그러한 음악들을 구할 수 있는 방법과 사이트를 알아보도록 하겠습니다.

❶ 영상 제작 시 저작권에 따른 합법적인 음악이용 방법

가장 먼저 공직적으로 저작권료를 지불하고 음악을 사용하는 방법을 알아보도록 하겠습니다. 대중가요나 저작권이 필수로 등록된 노래들을 상업적으로 사용하려면 꼭 아셔야 하는 방법입니다.

국내 음악 및 대부분의 음악은 한국음악저작권협회에서 관리하기 때문에 한국저작권협회 홈페이지에 들어가서 확인하면 됩니다. 여기에서 검색이 안 되는 외국 노래는 직접 검색을 통해 해당 저작권자에게 연락을 취해서 지시를 따라야 합니다.

먼저 홈페이지 접속한 후 메뉴에서 저작물 검색을 누르면 노래를 찾을 수 있는 화면으로 넘어가게 됩니다.

〈한국저작권음악협회 https://www.komca.or.kr/CTLJSP〉

그리고 국내와 국외의 어느 나라의 노래를 찾을 것인지를 고른 후 노래를 적으시면 됩니다. 여기에서 저자는 예제로 싸이의 '강남스타일'을 검색해 보았습니다.

〈한국저작권음악협회 https://www.komca.or.kr/CTLJSP〉

분류 란을 보시면 A, C, AR을 확인할 수 있습니다. 이 분류들은 일종의 노래의 제작에 참여한 저작권자들을 보여주는 뜻입니다.

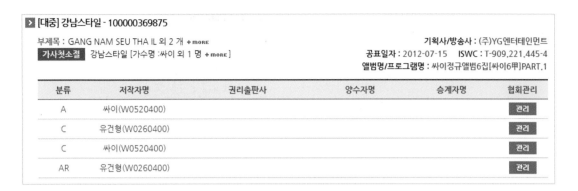

▶ [대중] 강남스타일 - 100000369875

부제목 : GANG NAM SEU THA IL 외 2 개 +more

기획사/방송사 : (주)YG엔터테인먼트

가사첫소절 강남스타일 [가수명 :싸이 외 1 명 +more]

공표일자 : 2012-07-15   ISWC : T-909.221.445-4
앨범명/프로그램명 : 싸이정규앨범6집[싸이6甲]PART.1

분류	저작자명	권리출판사	양수자명	승계자명	협회관리
A	싸이(W0520400)				관리
C	유건형(W0260400)				관리
C	싸이(W0520400)				관리
AR	유건형(W0260400)				관리

위의 분류표에서 저작권자가 누구인지 확인을 한 후, 저작권자에게 연락하여 비용을 지불하면 해당 음악을 사용할 수가 있습니다.

[부문] 작품명 - 작품코드 , [음반사]/공표일자 가사 첫소절-[가수명]
[분류 / 저작자명(회원코드) / 관리여부]
※ 작사가:A, 작곡가:C, 작사·작곡가:CA, 편곡자:AR, 역사자 · 번안자:SA 또는 TR, 원출판사:E, 하청출판사:SE를 의미합니다.
※ NS(NON-SOCIETY) - 비관리 (협회와 상호관리계약 미체결 단체 회원 포함) 또는 권리자 정보 부재에 따른 소속 단체가 불분명한 저작자
※ DP(PUBLIC DOMAIN) - 비관리 (저작권 보호기간 만료, 소멸)

▶ 여기서 잠깐   **음악 저작권을 구매하여 사용하는 방법을 조금 더 자세히 알아봅시다.**

❶ 첫 번째로 모든 저작권을 구매 대행을 도와주는 한국저작권위원회 사이트로 들어가 회원가입을 실시합니다.

한국저작권위원회 사이트주소는 https://www.findcopyright.or.kr/user/main.do 입니다.

❷ 두 번째로는 로그인을 통하여 사이트에 접속을 완료합니다.

❸ 세 번째로는 저작권 라이선싱 메뉴로 들어가 [서비스 신청 및 이용안내] 메뉴를 클릭합니다. 그 후 사진에 보이는 [신청하기]를 클릭하여 사용할 음악을 신청합니다.

그 후 [음악저작물 이용허락계약 신청서 작성]을 완료하신 후 신청을 완료합니다.

❹ 마지막으로 신탁단체의 담당자가 계약서 내용을 확인한 후 저작권비즈니스지원센터 인증서를 첨부하여 계약을 승인하면 계약의 체결이 완료됩니다.

❷ 무료 음원 제공 사이트 이용

무료 음원은 저작권을 상실했거나 저작권을 획득하지 않고 무료로 음악을 풀어 준 경우에 생기게 됩니다. 그리고 이러한 노래들을 한 사이트에 모아서 다운로드를 가능하게 하는 경우가 많은데 구글에서 '무료 음원 사이트'라고 검색만 하셔도 어느 정도의 사이트들을 확인할 수 있을 겁니다. 그럼 저자가 알려드리는 사이트들을 확인해 보겠습니다.

첫 번째 사이트는 유튜브 플랫폼에서 제공하는 무료 음악 사이트 '오디오 보관함'입니다. 오디오 보관함은 유튜브와 계약을 한 작곡가들이 무료로 음악을 배포하는 사이트로 초창기에는 적은 음악으로 인하여 인기가 없었으나 최근에는 많은 음악을 업로드하면서 많은 사람들이 사용하는 사이트로 발전을 하였습니다.

오디오 보관함으로 접속하는 방법은 유튜브 플랫폼에 접속한 후 로그인 → ❶ 오른쪽 상단의 프로필을 클릭 → ❷ YouTube 스튜디오 클릭하여 스튜디오로 넘어간 후 왼쪽의 메뉴에서 ❸ 오디오 보관함을 클릭하면 됩니다.

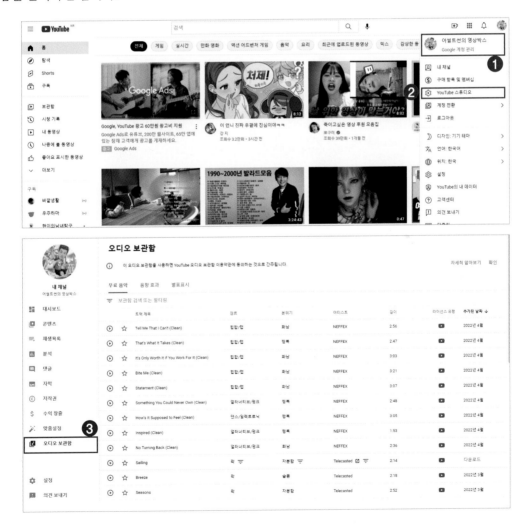

오디오 보관함에서 여러분들이 원하시는 음악을 다운 받으셔서 사용하시면 됩니다. 음악은 장르별, 분위기별, 아티스트별, 길이별로 구분이 가능하며 설정에 맞추어 여러분들이 원하는 음악을 검색해서 사용할 수가 있습니다.

		장르	분위기	아티스트	길이	라이선스 유형	추가된 날짜 ↓
무료 음악	음향 효과	별표표시					
	검색 또는 필터링						
	검색						
▷	트랙 제목	힙합/랩	화남	NEFFEX	2:56	▶	2022년 4월
▷	장르	힙합/랩	행복	NEFFEX	2:47	▶	2022년 4월
▷	분위기 Nork For It (Clean)	힙합/랩	화남	NEFFEX	3:03	▶	2022년 4월
▷	아티스트 이름	힙합/랩	화남	NEFFEX	3:21	▶	2022년 4월
▷	길이	힙합/랩	화남	NEFFEX	3:07	▶	2022년 4월
	저작자 표시 필요 없음						
	저작자 표시 필요						
▷ ☆	Something You Could Never Own (Clean)	얼터너티브/펑크	행복	NEFFEX	2:48	▶	2022년 4월
▷ ☆	How's It Supposed to Feel (Clean)	댄스/일렉트로닉	행복	NEFFEX	3:05	▶	2022년 4월
▷ ☆	Inspired (Clean)	얼터너티브/펑크	행복	NEFFEX	1:53	▶	2022년 4월
▷ ☆	No Turning Back (Clean)	얼터너티브/펑크	화남	NEFFEX	2:36	▶	2022년 4월
▷ ☆	Sailing	락	자분함	Telecasted	2:14	▶	2022년 3월
▷ ☆	Breeze	락	슬픔	Telecasted	2:18	▶	2022년 3월
▷ ☆	Seasons	락	자분함	Telecasted	2:52	▶	2022년 3월

다운로드는 노래를 검색을 하신 후 노래가 '추가된 날짜' 메뉴에 가셔서 마우스를 배치하시면 다운로드라는 글자로 변환이 되어 다운로드가 가능합니다.

		트랙 제목	장르	분위기	아티스트	길이	라이선스 유형	추가된 날짜 ↓
▷ ☆		Floating Home	영화음악 ☰	낭만적 ☰	Brian Bolger ☰	2:08	▶	다운로드

▲ 각각의 음악에 마우스를 가져다 대면 다운로드 선택지가 활성화된다.

두 번째 사이트는 '데이트림사운드'라는 유튜브 채널 사이트입니다. 이 사이트는 국내에서 이름을 알리고자 수많은 작곡가분들이 음악을 무료로 배포하는 사이트로 많은 음악과 효과음들을 무료로 다운받을 수가 있습니다.

'데이드림사운드' 채널의 사용방법은 채널 페이지에 접속 후 여러 가지 효과음과 음악들을 확인합니다. 그 후에 자신에게 필요한 음악을 발견하면 다운로드를 하면 됩니다.

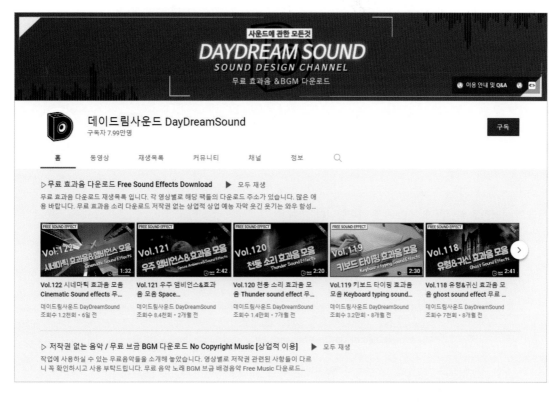

다운받고 싶은 노래를 선택하여 들어갑니다.

노래의 설명란을 확인한 후 '더보기'를 클릭합니다.

설명란에 있는 설명을 읽으시면 작곡가의 이름과 노래의 제목을 확인 할 수가 있으며, 아래로 내려오시면 Copy Start와 Copy End를 찾을 수가 있습니다. 여기가 라이센스 표기 문구입니다. 이 문구를 복사하신 후 영상을 업로드하실 때 설명란에 음악출처를 밝혀주시면 무료로 사용이 가능합니다. 그리고 음악의 다운로드는 아래에 구글드라이브를 통해 다운로드를 받을 수 있습니다.

세 번째 사이트는 RFM - Royalty Free Music [No Copyright Music]라고 하는 외국의 채널입니다. 이 채널은 데이드린사운드와는 다르게 외국에서 활동하는 무명 작곡가들이 자신의 이름을 알리기 위해 무료로 음악을 배포하는 사이트입니다.이 채널은 데이드린사운드와는 다르게 외국에서 활동하는 무명 작곡가들이 자신의 이름을 알리기 위해 무료로 음악을 배포하는 사이트입니다.

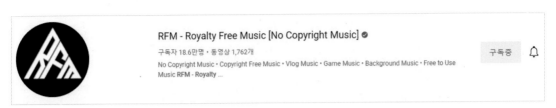

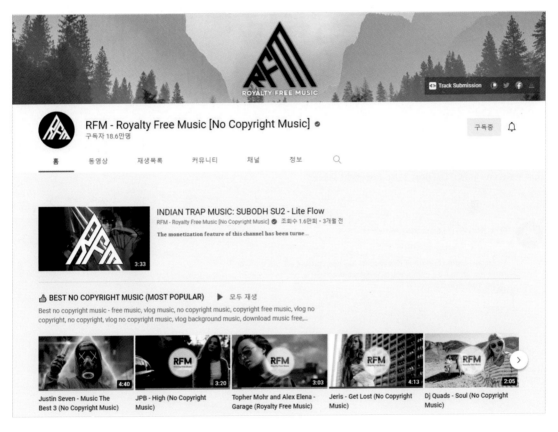

RFM사이트의 사용방법은 데이드림사운드와 비슷하며 사진자료와 같이 원하는 노래를 검색한 후, 노래를 듣고 설명란을 열어 라이센스를 복사하여 영상 콘텐츠를 업로드할 때 음원 출처를 같이 밝혀주시면 됩니다.

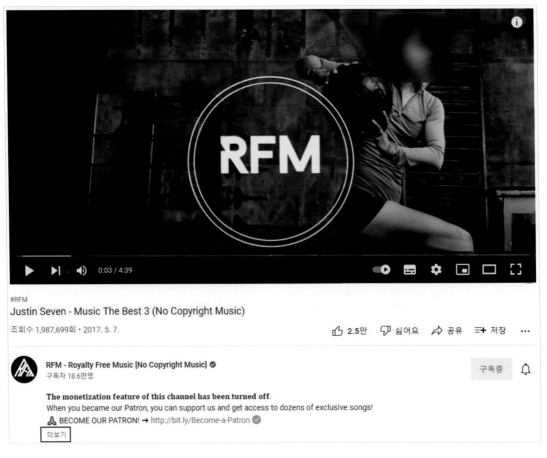

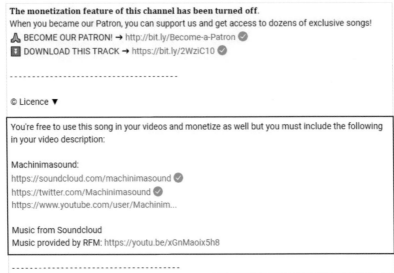

▲ '더보기'를 눌러 표시된 부분의 문구를 복사하여 출처를 밝혀주면 된다.

② 폰트 저작권에 대해서

음악 저작권은 많이 들어보셨을 것이지만 폰트 저작권은 대부분은 처음 듣는 분들이 많을 것입니다. 그러나 폰트 또한 저작권이 존재합니다. 특히 유튜브가 트렌드가 되면서 폰트 저작권에 걸리시는 분들이 정말로 많아졌습니다. 그 중 가장 흔하게 폰트 저작권에 걸리는 경우는 다음과 같습니다.

사진자료처럼 '귀여운 폰트' 등 여러 방식으로 검색을 하셔서 사용을 했을 때 걸리는 경우입니다. 인터넷상에서는 무료폰트라고 이야기하며 공개했지만 해당 폰트가 상업적으로 사용이 가능한지 여부에 관해서는 잘 나오지 않습니다. 그렇기에 저작권에 관련되어 많은 문제가 생기게 됩니다. 그렇다면 상업적으로 사용이 가능한 무료폰트는 어디에 있을까요? 지금부터 알아보도록 하겠습니다.

가. 무료폰트를 사용하려면?

무료로 폰트들을 사용하여 자막을 만들려면 가장 대표적인 사이트가 있습니다. 바로 '눈누'라는 사이트입니다.

'눈누'라는 사이트는 구글과 네이버를 통해서 검색이 가능하며, 사이트에 들어가시면 여러 가지 폰트들을 확인할 수 있습니다.

▲ 눈누 사이트에서 다양한 무료 폰트를 확인할 수 있다.

눈누에서는 여러 가지 무료 폰트를 제공합니다. 추천 폰트, 모든 폰트, 무슨 폰트?, 아무 디자인이라는 메뉴가 있는데 '모든 폰트' 메뉴에 들어가시면 내가 원하는 형태의 폰트를 찾을 수가 있습니다. 또한, 왼쪽 상단의 메뉴들을 이용하여 사용자가 원하는 폰트들을 일정 범위를 검색하여 사용할 수가 있습니다.

첫 번째, 허용범위는 폰트가 자주 사용되는 범위를 선택할 수 있으며 포장지, 임베딩, BI/CI, OFL로 분류가 되어 있습니다.

포장지는 패키지처럼 봉지나 상자, 물건 등에 들어가는 폰트들을 뜻합니다.

임베딩은 블로그, 유튜브, 웹사이트, 어플 등을 제작할 때 자주 활용이 되는 폰트를 뜻합니다.

▲ 인기 모바일 게임 쿠키런에서 사용 중인 폰트도 확인할 수 있다.

BI/CI는 로고디자인을 제작을 할 때 사용하는 뜻인데, Brand Identity라고 하여 BI(브랜드의 로고 디자인)을 말하고, Corporate Identity라고 하여 CI(기업 이미지의 로고 디자인)을 말합니다.

▲ 폰트 하단을 보면 해당 폰트가 로고에 어떤 방식으로 쓰였는지 알 수 있다.

마지막으로 OFL은 'Open Font License'의 약자로 폰트를 직접 제작한 자가 폰트에 대한 모든 권리를 공개한다는 것을 뜻합니다. 즉, 무료로 사용이 가능하며 수정을 해서 사용해도 된다는 뜻입니다. 그러나 주의할 점이 있습니다. 바로 수정을 하였다 하더라도 그 권리는 저작권자가 가지고 있기에 폰트를 유료로 재판매를 하는 것은 불가능합니다.

▲ 오른쪽 위의 DFL을 반드시 확인하자. 그리고 만일을 대비하여 해당 폰트의 라이센스를 꼭 읽어보자.

두 번째, 폰트형태에서는 고딕, 명조, 손글씨 등으로 독자가 원하는 형태의 폰트의 모양을 선택하여 자신의 느낌에 알맞은 폰트를 고를 수가 있습니다.

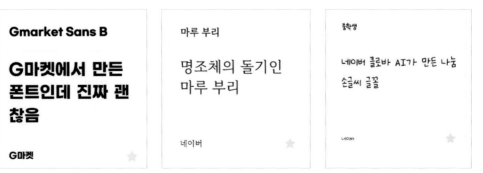

▲ 왼쪽부터 고딕, 명조, 손글씨 폰트이다. 자신의 컨텐츠에 어울리는 폰트를 사용하도록 하자.

세 번째, 인기순에서는 인기순, 조회순, 최신순으로 나누어지며 눈누사이트를 활용하는 사람들이 많이 다운로드를 하거나 사용하는 양에 따라 랭킹을 확인할 수 있습니다.

예를 들어 저자는 '어그로체B'라는 폰트를 다운로드 받고자 하는데 이에 따라 다운로드를 받는 방법을 알아보겠습니다.

먼저 폰트를 다운받기 위해서는 자신이 원하는 폰트를 찾아야 합니다. 폰트는 생각보다 종류가 많기 때문에 검색을 통하여 찾을 수도 있으며, 화면의 자동로딩 기능을 이용하여 아래로 화면을 내릴수록 자동으로 다음 폰트가 나타나게 되기에 이를 통하여 찾을 수도 있습니다. 그 후 폰트의 이름을 클릭하시면 사진자료와 같은 화면으로 넘어가게 됩니다. 그러나 본 화면에서 다운을 바로 받을 수 있는 것이 아닙니다.

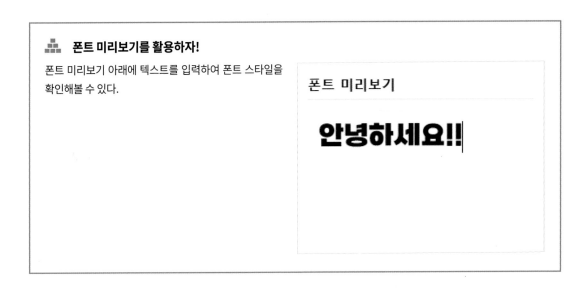

폰트 미리보기를 활용하자!

폰트 미리보기 아래에 텍스트를 입력하여 폰트 스타일을 확인해볼 수 있다.

폰트 미리보기

안녕하세요!!

다운로드를 원할 때에는 노란색으로 빛나는 '다운로드' 버튼을 클릭을 하게 되면 폰트가 있는 사이트로 옮겨가게 되는데, 그곳에서 폰트를 다운받아 설치를 하셔서 사용하시면 됩니다.

〈출처 : 샌드박스 사이트 https://sandbox.co.kr/fonts/aggro〉

③ 이미지의 저작권이란

크리에이터 활동을 할 때에 이미지의 저작권이란 매우 민감한 주제입니다. 이미지에는 짧은 영상, 인터넷 사진, 영화와 드라마 영상, 책, 상품의 이미지 등 여러 가지가 포함이 됩니다.

여기에서 저자가 민감한 주제라고 한 이유에 대해서 알아보겠습니다. 이미지 저작권의 문제는 자주 일어나는 현상은 아닙니다. 그러나 한번 생겼을 경우에는 많은 문제가 생기게 됩니다. 이미지 저작권은 음악 저작권과는 다르게 업로드하였을 때 바로 걸리는 것이 아닙니다. 바로 저작권자가 영상을 확인한 후 직접 신고를 하였을 경우에 해당이 됩니다. 여기에서 중요한 점이 바로 '직접 신고' 부분입니다.

음악은 앞서 설명을 드린 대로 채널에는 아무런 문제가 생기지 않습니다. 그러나 직접 신고를 통한 저작권 신고에는 많은 문제가 생기게 됩니다.

첫 번째로 채널의 노출도가 상당하게 떨어집니다. 직접 신고는 채널을 운영을 할 시 총 3번을 받을 수가 됩니다. 그중 한번이라도 받게 된다면 유튜브의 화면에 노출이 될 확률이 엄청나게 떨어지게 됩니다.

두 번째는 채널이 사라질 수가 있다는 것입니다. '쓰리아웃제'라고 하여 3번의 신고를 받게 될 때에는 채널이 유튜브에서 삭제가 되어 버립니다. 그렇기에 이러한 부분에서는 정말로 조심을 해야 합니다.

즉, 음악과는 다르게 직접신고는 채널에 영향이 많이 끼치게 되므로 조심을 하여야 하는 부분이 있습니다.

여기에서 가장 많이 나오는 질문이 있습니다.

Q. 유튜브 플랫폼에서 영상 콘텐츠를 보다보면 5초 이하의 동영상이나 이미지를 자주 쓰던데 이러한 이미지들은 저작권에 문제가 없는 것인가요?

여기에서의 답은 유튜브 플랫폼을 이용하여 업로드된 영상 콘텐츠에서 나오는 짧은 동영상이나 이미지들은 저작권에 걸릴 확률이 매우 높습니다. 그중에서 픽사베이 등을 이용한 무료 이미지 사이트나 유료로 결제를 하여 사용한 이미지가 있을 확률도 있지만 대부분은 구글이나 네이버 다음 등의 인터넷 플랫폼을 이용하여 다운받은 이미지를 그대로 쓰시는 분들이 많습니다. 이러한 이미지들은 저작권에 걸리게 되어있으며 그 중 방송국이나 제작사에 관련된 저작권의 경우에는 저작권이 걸리지 않는 이유가 있습니다.

바로 저작권자가 봐주고 있는 것입니다. 즉, 방송국이나 관련 제작사일 경우에는 무료로 홍보를 해주고 있는 것이거나 '밈'이라는 형태로 하여 홍보가 되고 있는 것이기에 저작권 신고를 하지 않고 봐주고 있는 것입니다. 그러나 악의적인 형태로 사용을 할 경우에는 신고를 할 수가 있으니 이미지를 사용할 때에는 콘텐츠에 있어서 조심하여야 하는 부분이 상당부분 있음을 알고 제작을 하셔야 합니다.

그렇기에 처음부터 자신이 직접 촬영한 이미지나 영상을 쓰는 경우가 가장 안전합니다.

여기서 추천해주는 유료 음악 사이트

'ArtList'라는 사이트로 음악을 전문적으로 유료로 배포를 하고 있는 사이트입니다. 이 사이트에서는 최신 음악과 트렌드에 맞는 음악들이 자주 업로드가 되며 1년에 약10~20만원의 결제를 통해 무한대로 음악을 다운받고 적용하여 사용할 수가 있어 전문영상업체에서도 많이 사용하는 사이트입니다.

STEP. 02

제작하기

유튜브와 1인 미디어에 대한 이론을 알았다면 이제는 채널을 개설하는 것부터 영상 콘텐츠를 제작하는 프로그램과 사용방법을 알아야 할 차례입니다. 이론을 아무리 많이 알고 있어도 이것을 실제로 활용할 방법을 모른다면 그것은 죽은 지식이기 때문입니다. 그럼 지금부터는 저와 여러분들이 함께 채널을 개설하고 영상 콘텐츠를 제작하는 방법을 하나씩 알아보도록 하겠습니다. 그럼 시작해볼까요?

04 CHAPTER

유튜브 채널의
첫 스타트

유튜브 크리에이터로써 시작을 하기 위해서는 채널이 필요하다. 채널을 만드는 방법부터 시작하여 어떤 주제로 채널을 운영할 것인지에 대한 주제 선택과 선택한 주제에 어울리는 채널아트와 프로필을 제작하는 방법을 알아본다.

유튜브 채널 개설하기

유튜브를 이용하여 크리에이터 활동을 하기 위해서는 구글 플랫폼의 아이디가 필요로 합니다. 유튜브의 채널을 만드는 방법은 정말 어렵지 않습니다. 차근차근 조금만 따라오시면 여러분도 쉽게 만들 수 있을 것입니다. 그럼 시작해볼까요?

유튜브의 채널을 제작을 하시려면 여러 가지 과정이 필요합니다.

첫 번째, 구글 계정 생성하기
두 번째, 유튜브 로그인하기
세 번째, 채널 제작하기
네 번째, 브랜드 채널 제작하기

이렇게 4가지의 과정을 지금부터 따라서 만들어보도록 하겠습니다.

① 구글 계정 생성하기

구글 계정이 있다면 여러분들도 유튜브 채널을 오픈하여 크리에이터가 될 수가 있습니다. 유튜브는 구글에서 인수를 하여 운영을 하는 플랫폼이기에 구글의 계정을 하나 만드시면 매우 쉽게 유튜브를 시작할 수가 있습니다. 자! 그럼 지금부터 따라해 보겠습니다.

🏛 여기서 주의할 점

구글 계정은 다른 플랫폼과는 다르게 한번 로그인을 하시게 되면 직접 로그아웃하기 전까지는 자동으로 로그인이 됩니다. 그렇기에 매우 편리하게 사용할 수가 있는데요. 여기에서 주의할 점은 자동로그인이 되는 만큼 Gmail, 드라이브, 블로그 등 구글 계정을 통한 여러 가지 개인 활동을 하신다면 새로운 계정을 하나 따로 만들어서 운영을 하시는 것이 좋습니다.

따라하기 ❶ - 구글 플랫폼에 가입하여 계정 생성하기

01 구글(https://www.google.co.kr) 사이트에 접속을 한 후 로그인을 클릭 합니다.

🔧 로그인창이 안보일 경우

로그인창이 안보일 경우에는 이미 로그인이 되어 있거나 화면이 작아서 안보일 경우가 있습니다. 이런 경우에는 로그아웃을 하시거나 휠을 이용하여 화면을 위로 올리시면 보이실 겁니다.

---

02 로그인 버튼을 누른 후 오른쪽 아래에 있는 계정 만들기를 클릭하시면 [본인 계정, 자녀 계정, 내 비즈니스 관리하기]가 보입니다. 여기에서 본인 계정을 클릭하여 계정 생성 준비를 합니다.

03 계정 만들기 창이 나오시면 성과 이름을 적으시고 사용자 이름(로그인 아이디)을 입력하신 후 비밀번호를 적고 다음 버튼을 누릅니다.

04 전화번호는 선택사항이나 두 번째 계정이 아닌 첫 번째 계정일 경우에는 핸드폰 번호를 입력하셔서 이후 수익화를 준비하셔야 합니다. 그리고 생년월일은 입력을 하지 않아도 됩니다. 하지만 입력을 하셔야 성인 시청 가능 콘텐츠를 시청이 가능합니다. 그리고 다음을 눌러 다음 페이지로 넘어갑니다.

05 전화번호 인증은 전화번호를 입력하셨을 경우 나타나며 전화번호 인증을 실시합니다.

06 전화번호 다양하게 활용하기는 [건너뛰기]와 [예] 둘 중 원하시는 대로 해도 되며 [건너뛰기]를 할 경우에는 계정 생성이 완료가 됩니다. 그리고 [예]를 누를 경우에는 핸드폰을 이용한 여러 가지 서비스를 받게 됩니다.

따라하기 ❷ - 유튜브 로그인하기

유튜브의 로그인은 구글 계정을 생성시킨 후 로그인을 하여야 유튜브 플랫폼에서 활용이 가능합니다. 그렇기에 구글에서 생성시킨 아이디를 로그인을 하고 유튜브 플랫폼으로 이동합니다.

01 구글(https://www.google.co.kr) 사이트에 로그인한 후 로그인 확인을 합니다.

02 유튜브(https://www.youtube.com/) 로 사이트를 이동하신 후 로그인을 확인합니다. 그리고 오른쪽 상단의 프로필을 클릭 후 메뉴에서 채널 만들기를 실행합니다.

따라하기 ❸ - 채널 제작하기

유튜브에서 채널은 크리에이터 활동하기 위한 필수 조건입니다. 채널이 없다는 것은 크리에이터 활동에 문제가 생기며, 영상 콘텐츠의 시작이라고 볼 수 있습니다.

01 따라 하기 2번에서 채널 만들기를 클릭한 후 내 프로필에서 채널의 이름을 설정하고 채널 만들기를 클릭합니다.

02 채널 만들기를 클릭하시면 아래 화면
과 같이 채널의 생성이 완료가 됩니다.

따라하기 ❹ - 브랜드 채널 제작하기

브랜드 채널은 개인 채널과는 다르게 크리에이터 활동에 있어서 필요한 채널입니다. 주로 개인 채널
에서 브랜드 채널로 이동을 많이 하고 있으며, 수익 신청 및 여러 가지 활동에 있어서 많은 도움을 줍
니다.

또한, 개인 계정은 채널 명 설정 시 성과 이름을 구분하여 입력을 해야하지만 브랜드 채널은 성과 이름
구분없이 채널이름을 자유롭게 제작이 가능합니다.

01 유튜브(https://www.youtube.com/)
에서 로그인을 하신 후 프로필을 클릭을 합
니다. 그리고 메뉴가 열렸을 시 아래쪽에 위
치하는 설정을 클릭합니다.

02 설정 창으로 이동 후 내 YouTube 채
널의 내 채널 메뉴에서 두 번째 줄에 위치하
는 새 채널 만들기를 클릭합니다.

03 채널 이름 만들기에서 브랜드 채널의 이름을 설정하고 체크를 통해 동의를 실시합니다. 그리고 만들기를 눌러 브랜드 채널을 완성합니다.

채널아트와 프로필 제작

채널 브랜딩을 하기 위해서는 ❶채널아트와 ❷프로필(채널 아이콘)이 필요합니다. 이 두 가지는 필수 요소로 사용이 되며 이 두 가지가 없는 채널은 크리에이터 활동을 하지 않는 채널이라고 보아도 될 정도라고 보시면 됩니다. 그렇다면 이러한 두 가지를 제작하신 후 적용하는 방법을 알아보겠습니다.

① 채널 프로필(아이콘)의 제작

채널 프로필은 회사 및 개인을 대표하는 로고(CI)와 같습니다. 채널 프로필은 채널 화면에서 가장 많이 노출이 되는 부분이기 때문에 한 번에 알아볼 수 있게 제작하는 것이 매우 중요합니다. 프로필 이미지는 정사각형으로 업로드되지만 실제 플랫폼에서는 정사각형이 아닌 정원으로 표시가 됩니다. 따라서 원으로 노출되었을 경우를 생각하고 제작을 하셔야 합니다.

▲ 정사각형 형태

▲ 잘리는 영역

▲ 정원 형태

▶ 여기서 잠깐

채널 프로필 제작 시 주의사항

채널 프로필은 기본적으로 98 x 98 픽셀의 정사각형 및 원형 이미지이지만 시청자들이 TV처럼 다른 디바이스에서도 유튜브를 시청하기 때문에 채널 프로필의 크기는 800 x 800 픽셀로 작업을 하여 업로드하는 것을 추천드립니다.

업로드가 가능한 파일의 형식은 PNG, JPG, BMP, GIF입니다. 단 애니메이션 GIF파일 형식은 안 됩니다. 마지막으로 주의할 점은 프로필 사진에 유명한 사람, 과도한 노출, 예술작품 등으로 업로드하게 되면 저작권에 문제가 생길수가 있으니 조심하시길 바랍니다.

② 채널아트의 제작

채널의 콘셉트를 정했다면 내 채널의 첫인상을 나타내는 채널 아트를 제작하여야 합니다. 채널아트는 주로 포토샵을 통해 제작을 하지만 이번에는 포토샵이 아닌 더 쉬운 방법을 다음 장에서 소개를 하도록 하겠습니다.

가. 채널아트의 사이즈

채널아트는 고정된 사이즈가 있습니다. 이 사이즈를 지키며 제작을 하여야 업로드가 정확하게 됩니다.

특히나 채널아트는 컴퓨터로 확인하는 것만이 아닌 TV 디바이스로 유튜브를 시청하는 사람들도 생각을 하고 제작을 하여야 하므로 제작의 사이즈를 파악하고 계셔야 합니다.

디바이스	픽셀(px)	센티미터(cm)
❶ TV	2560px × 1440px	67.7cm × 38.1cm
❷ 컴퓨터	2560px × 423px	67.7cm × 11.2cm
❸ 태블릿(핸드폰 포함)	1855px × 423px	49.1cm × 11.2cm
❹ 텍스트 & 로고 안전구역	1546px × 423px	40.1cm × 11.2cm

▲ 채널아트의 크기

배너 아트 맞춤설정

▲ 채널아트의 사이즈

MEMO

05
CHAPTER

나만의
영상 콘텐츠 제작법

영상 콘텐츠를 제작하기 위한 영상편집 프로그램의 소개와 사용법, 컷편집과 배경음악, 자막 등 여러 가지를 활용하여 하나의 영상 콘텐츠를 완성하는 방법을 배운다.

영상 편집이란

▶ 영상 편집의 개념 이해하기

우리는 주변에 많은 영상 트렌드를 접하고 있습니다. 그리고 다양한 매체를 통해 수많은 영상물들을 확인하고 있습니다. 광고, 영화, 드라마, 예능, 유튜브, TV의 다양한 프로들, 게임 등 다양한 매체를 확인할 수가 있는데 이러한 것들을 매체로 여러분들에게 제공하는 과정 중 '편집'이라는 단계를 거치게 됩니다.

편집은 촬영한 영상물들을 모아 촬영 전 기획한 의도에 맞게 배열, 수정, 가공하여 하나의 완성된 영상물을 만들어 내는 작업을 말합니다. 그리고 편집에서는 이 뿐만 아니라 배경음악과 효과음 적용, 자막 삽입, 여러 가지 이펙트 적용, 색보정, 사운드 믹싱 등 여러 가지 과정이 포함이 됩니다.

원하는 편집을 하려면 가장 중요한 것은 수많은 영상물들을 접하는 것입니다. 그리고 한 가지가 아닌 다양한 주제의 영상물들을 접하는 것이 좋은데요. 수많은 영상물들을 접하는 방법 중 가장 쉬운 방법으로는 웹사이트를 활용하여 접하는 것이 있습니다. 여러 종류의 영상물들을 접하고 재미있는 영상을 제작해 보도록 하겠습니다.

📊 추천하는 영상물 웹사이트

▲ 유튜브(https://www.youtube.com)

▲ 비메오(https://vimeo.com)

▲ TVCF(https://tvcf.co.kr/)

▲ 데일리모션(www.dailymotion.com/kr)

▶ 좋은 영상을 편집하는 방법

편집이 잘된 영상과 좋은 영상은 무엇일까요? 저자는 영상을 보는 사람들이 집중력을 잃지 않고 처음부터 끝까지 영상을 보게 만들어 주는 영상을 좋은 영상이라고 생각합니다. 그러나 이러한 영상들은 생각보다 만들기가 쉽지가 않습니다. 특히, 이제 막 영상 편집을 시작하는 단계라면 더욱 그렇습니다. 그렇기에 이러한 분들에게 도움이 되는 편집 방법이 있습니다. 바로 '다른 채널의 영상을 카피해보는 방법'입니다. 영상 카피는 단순히 영상에서 나오는 장면, 구도, 색, 느낌만 따라하는 것이 아닌 프레임 단위까지 완벽하게 따라하는 것을 말합니다.

처음 카피 영상을 만들기에 좋은 영상은 영화나 드라마의 예고편 영상입니다. 이러한 예고편들은 본편을 기준으로 하여 만들어졌기에 본편을 이용하여 예고편을 카피를 하다보면 편집자와 기획자가 '왜? 이러한 느낌으로 제작을 하였는지'를 알게 될 것입니다. 이러한 작업은 단순하게 보일 수 있습니다. 하지만 시청자들이 영상을 보게 만들기 위해 어떠한 고민을 했을지 흔적을 확인할 수 있는 작업이라고 생각합니다.

영상물들의 기승전결을 따라 해보는 것도 도움이 될 것입니다. 영상의 기승전결은 시청자의 이해를 돕기도 하지만 영상의 몰입도를 높여주는 기본 요소입니다.

기승전결의 예제

구성	참고할 영상물	내가 만들 영상물
시작(인트로)	인사 및 여행지 이름 소개	인사 및 물건 이름 소개
컷1	여행지에 대한 전체적인 풍경	물건의 전체적인 느낌 확인
컷2	여행지에서 인기 있는 장소들	물건의 장단점들 확인
컷3	여행지에서의 후기	물건을 살수 있는 장소와 후기
마무리(엔딩)	인사 및 채널의 로고 등장	인사 및 채널의 로고 등장

편집 프로그램 '프리미어 프로'란?

프리미어 프로는 동영상 편집을 위한 필수 기능으로 구성된 프로그램입니다. 어도비에서 제작한 프로그램이며 프리미어 프로를 제외하고도 포토샵, 일러스트, 에프터이펙트 등 여러 가지 프로그램을 가지고 있습니다.

프리미어 프로는 다양한 패널과 기능을 활용하여 동영상 편집을 돕고 있습니다. 이러한 기능들을 잘 활용하여 제작에 시작을 하시려면 기본적인 기능들과 고급 기능, 트랙들에 대해서도 잘 아셔야 합니다. 이러한 기능들을 지금부터 알아보도록 하겠습니다.

▶ '프리미어 프로' 인터페이스의 이해

프리미어 프로를 실행을 하시게 되면 가장 먼저 보게 되는 화면이 [Home]화면입니다. [Home]화면은 프리미어 프로를 실행을 하게 되면 항상 맨 앞에 뜨는 화면으로 그동안 실행했던 파일 및 새로운 프로젝트를 만들기를 하실 때 편리하게 사용을 할 수가 있습니다.

▲ 프리미어 Home 화면

❶ Home: [Home] 대화상자의 가장 첫 화면입니다.

❷ New Project : 새로운 프로젝트 파일을 생성하여 편집을 시작하게 만들어 주는 과정을 진행합니다.

❸ Open Project : 저장된 프로젝트 파일을 열어 편집 과정을 다시 시작합니다.

❹ Recent : 최근 작업한 프로젝트 파일 목록으로, 프로젝트 파일을 선택해 빠르게 불러올 수 있습니다.

❺ Filter : 최근 작업한 파일의 이름을 검색할 수 있습니다.

❻ Untitled : 가장 최근에 작업을 시작한 파일로 상단에 위치합니다.

▶ 간단한 실습 프리미어 프로 프로젝트 만들어 보기

프리미어 프로를 실행한 후 영상을 편집을 하려면 가장 먼저 프로젝트를 만들어야 합니다. 프리미어 프로 프로젝트는 프리미어 프로에서 진행된 모든 작업들의 정보를 보관하고 저장하는 데이터 형식의 파일이며 확장자는 '.prproj'입니다. 이러한 프로젝트를 만드는 방법은 2가지가 있으며 이 2가지의 방법을 지금부터 알아보도록 하겠습니다.

① [Home] 화면을 이용한 프로젝트 만들기

[Home] 화면에서 ❶번(New project)을 클릭하시면 프로젝트 창이 열리게 됩니다.

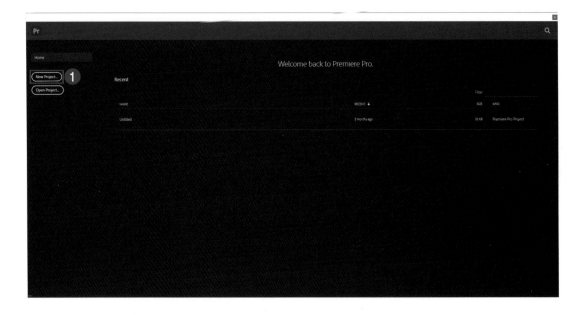

② 파일(File)메뉴를 이용하여 프로젝트 만들기

[Home] 화면을 종료 후 [File] - [New] - [Project] 순으로 프로젝트를 만들 수가 있습니다.

③ 프로젝트 창 설정법

[New Project] 설정창이 생기게 되면 ❶ [Name] 창을 통하여 파일의 이름을 설정합니다. 그 후 ❷ [Location] 항목의 [Browse]를 클릭하여 파일을 저장할 장소를 지정 합니다. 마지막으로 ❸ [Capture] 메뉴에서 [DV]를 [HDV]로 설정을 한 후 [OK] 버튼을 눌러 프로젝트를 만들어 줍니다.

그렇게 하시면 프로젝트 창이 생성이 됩니다.

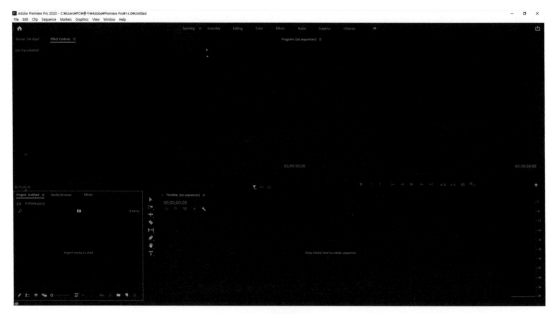

▲ 프로젝트 창

▶ [기능 이해하기] [New Project] 설정창의 옵션

[New Project]에는 [General], [Scratch Disks], [Ingest Settings] 3가지의 탭이 있습니다.

① **[General] 탭**: 각 옵션은 작업 영역에서 플레이백과 디스플레이 모드 등을 설정합니다.

✐ **[Video Rendering and Playback]** 메뉴에서는 렌더링이나 플레이백을 진행할 때 사용하는 엔진을 설정 및 선택합니다.

❶ Mercury Playback Engine GPU Acceleration(CUDA): 그래픽 카드(하드웨어)를 사용하여 플레이백합니다. 기본설정입니다.

❷ Mercury Playback Engine Only:- 소프트웨어만 사용하여 플레이백합니다.

✏️ [Video] 메뉴에서는 비디오 길이를 표시하는 방식을 설정합니다.

❶ Timecode: 영상의 길이를 시간 단위로 표시하여 편집을 실시합니다. 기본설정입니다.

❷ Feet + Frames 16mm: 16mm 필름으로 촬영된 영상의 프레임을 기준으로 표시합니다.

❸ Feet + Frames 35mm: 35mm 필름으로 촬영된 영상의 프레임을 기준으로 표시합니다.

❹ Frames: 0부터 시작하여 연속되는 숫자의 방식으로 프레임을 기준으로 하여 표시합니다.

✏️ [Audio] 메뉴에서는 오디오 파일의 표시 형식을 설정합니다.

❶ Audio Samples: 시퀀스 설정에 맞춰 시, 분, 초와 같은 샘플을 표시합니다. 기본 설정입니다.

❷ Milliseconds: 시, 분, 초 단위 외에 1/1000초까지 표시합니다.

✏️ [Capture] 메뉴에서는 필름에 촬영된 영상을 프리미어 프로를 사용하여 디지털 캡처(스크린샷 같은 기능)할 때 설정하는 옵션 항목입니다.

❶ DV: 1280 × 720 사이즈를 뜻하는 캡처형식입니다.

❷ HDV: 1920 × 1080 사이즈를 뜻하는 캡처방식입니다.

② **[Scratch Disks] 탭:** 비디오 캡처나 비디오와 오디오의 미리 보기, 자동 저장 파일이 저장이 되는 장소를 설정합니다. [Same as Project]가 기본 설정 값이며 [Browse]를 클릭하면 새로운 경로를 설정할 수 있습니다.

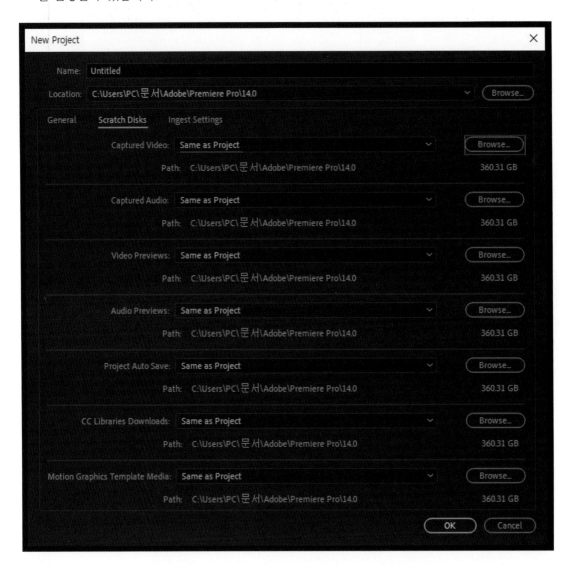

③ [Ingest Settings] 탭: 소스 클립 파일을 가져오는 인제스트 설정을 설정합니다. 기본값은 [Ingest]가 체크가 해제된 상태입니다. 어도비 미디어 인코더(Adobe Media Encoder)를 사용하여 원하는 사전 설정을 만들 수 있고 미디어 브라우저의 [Ingest] 항목과 동기화됩니다.

❶ Copy: 외부 저장 장치 등에 저장되어 있는 미디어 소스를 지정 경로에 그대로 복사합니다.

❷ Transcode: 미디어 소스를 프로덕션 시설 내에서 사용되는 특정 포맷으로 변환하여 지정 경로에 복사합니다.

❸ Create Proxies: 고해상도(4k 이상) 영상 소스의 편집이 되도록 낮은 해상도의 클립을 만들어 미디어에 연결합니다.

❹ Copy and Create Proxies: 원본 미디어 소스를 복사하고 프록시를 생성합니다.

> **Tip** 특별한 경우가 아닌 이상 [Project] 설정 창에서 패널의 설정은 기본설정을 이용하여 작업하는 것이 좋습니다.

▶ 편집 시작 전 프로젝트 창의 이해

프로젝트를 제작하고 편집이라는 작업을 진행하려면 프로젝트의 패널들을 이해를 하고 시작을 하셔야 합니다.

해당 패널들은 파란색으로 선이 빛이 나면 활성화가 되었다는 뜻이며, 이를 통해 각 작업들을 시작시키게 됩니다. 자! 그럼 채널들의 각 기능들을 알아보도록 하겠습니다.

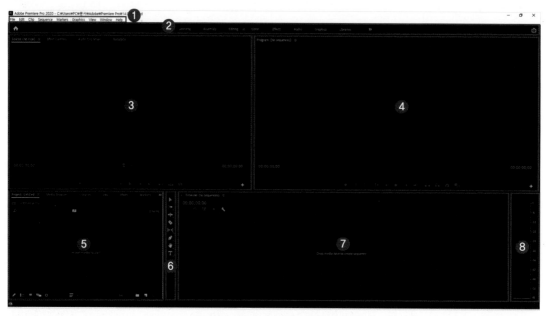

▲ 프리미어 프로의 인터페이스 화면(기본 화면)

❶ **메뉴바(Menu Bar)**: 프리미어 프로에서 실행하는 명령어들이 모여 있는 메뉴창입니다. 프리미어 프로의 작업을 위한 환경과 클립, 시퀀스 설정 등 여러 가지의 작업 영역 모드를 변경하거나 제작, 도움말 등을 확인할 수 있습니다.

❷ **WorkSpaces] 패널**: 작업에 따라 필요한 패널을 고를 수 있게 정리를 해둔 곳입니다. 클릭 한번으로 원하는 작업이 가능한 영역으로 변경을 해주며, 매우 효율적으로 사용이 가능한 기능입니다. 가장 왼쪽에 위치한 [Home] 버튼을 클릭하면 [Home] 설정창을 열어 새로운 프로젝트 파일 또는 기존의 작업한 프로젝트 파일을 가져올 수 있습니다.

❸ **[Source] 패널**: 프로젝트에 가져온 촬영물을 선택하여 선택한 클립의 영상 소스를 편집하거나 미리 보기가 가능한 패널입니다. 영상 소스를 원하는 길이로 편집하고 타임라인에 삽입하거나 덮어쓸 수 있습니다. 영상 편집을 진행하면서 적용한 이펙트나 트렌지션(화면 전환)을 포함하지 않은 원본 영상을 가리키며 실제 작업을 하는 타임라인 편집에 영향을 주지 않는 별도의 타임라인을 가지고 있습니다.

❹ **[Program] 패널**: 현재 타임라인의 편집 기준선이 위치해 있는 장면을 미리 보여주는 패널입니다. 편집 과정에서 사용한 이펙트와 트렌지션 효과 등 모든 작업에 사용한 것들을 보여줍니다.

❺ **[Project] 패널**: 프리미어 프로에서 작업 중인 프로젝트의 모든 내외부 소스를 보여주는 패널입니다. [Project]패널에서 파일을 삭제할 경우에는 타임라인에 등록한 파일 또한 삭제가 되니 매우 조심히 사용을 해야 하는 패널입니다.

❻ **[Tool] 패널**: 타임라인에서 영상 편집을 하는데 있어 필요한 기능들을 간단하게 선택하여 사용할 수 있게 도와주는 도구가 모여 있는 패널입니다.

❼ **[Timeline] 패널**: 영상을 편집할 때 영상 소스와 사운드 소드, 이펙트 소스 등을 클립화하여 보여주고 실제 편집을 할 때 사용을 하는 패널입니다.

❽ **[Audio Meters] 패널**: 재생하고 있는 오디오 전체의 레벨(음량)을 표시하여 작업자에게 보여주는 패널입니다.

▶ 편집 시작 전 **다양한 추가 패널 알아보기**

- **[Effect Controls] 패널**: 영상 클립의 기본 속성을 보여주며, 클립에 적용된 이펙트의 속성 값을 수정하고 변경하여 세밀하게 조정할 수 있게 도와주는 패널입니다.

  영상 클립의 크기, 위치, 투명도 등 여러 가지의 기본 속성을 변경할 수 있습니다.

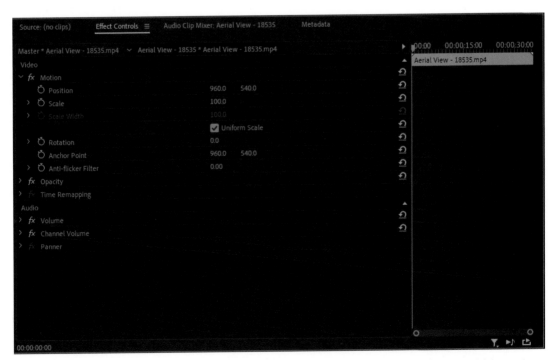

▲ 프로젝트 창의 이해 3번에서 소개했던 [Source] 패널의 두 번째 탭을 선택하면 [Effect Controls] 패널로 들어간다.

- **[Audio Clip Mixer] 패널**: 타임라인에 적용된 각 클립별 오디오의 레벨(음량)을 확인할 수 있습니다. 볼륨(Volume), 밸런스(Balance) 등 오디오 믹싱을 제어하는 패널입니다.

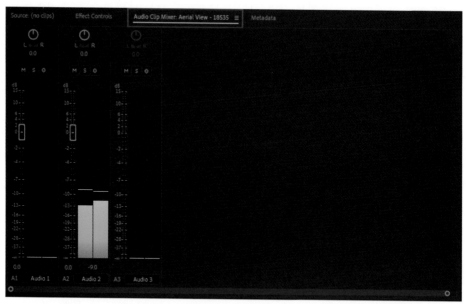

▲ 프로젝트 창의 이해 3번에서 소개했던 [Source] 패널의 세 번째 탭을 선택하면 [Audio Clip Mixer] 패널로 들어간다.

- **[Metadata] 패널**: 영상의 파일 이름, 작성자, 저작권 등의 속성을 기록하는 패널입니다. 정보는 xmp 형식으로 저장되어 프리미어 프로뿐만 아니라 온로케이션, 애프터 이펙트 등에서도 다양하게 사용됩니다.

▲ 프로젝트 창의 이해 3번에서 소개했던 [Source] 패널의 네 번째 탭을 선택하면 [Metadata] 패널로 들어간다.

- **[Media Browser] 패널**: 원하는 파일을 검색할 수 있는 패널입니다. 프리미어 프로가 설치된 컴퓨터와 연결되어 윈도우 탐색기와 인터페이스가 같으며, 미디어 브라우저에서 검색한 파일을 [Project] 패널, [Timeline] 패널로 드래그하여 바로 작업할 수 있습니다.

패널의 이름 옆에 있는 옵션을 선택하여 [New Media Browser Panel]을 선택하면 한 개 이상의 미디어 브라우저를 실행하여 여러 곳에 나누어져 있는 소스를 편리하게 검색하거나 삽입할 수 있습니다.

▲ 프로젝트 창의 이해 5번에서 소개했던 [Project] 패널의 두 번째 탭을 선택하면 [Media Browser] 패널로 들어간다.

- **[info] 패널**: 선택한 클립이나 시퀀스와 관련된 정보를 표시하는 패널입니다. 소스의 타입, 인 점과 아웃 점의 시간 정보, 재생 시간, 트랙 정보 등을 확인할 수 있습니다.

▲ 프로젝트 창의 이해 5번에서 소개했던 [Project] 패널의 네 번째 탭을 선택하면 [Info] 패널로 들어간다.

- **[Effects] 패널**: 프리미어 프로에서 제공하는 다양한 기본 이펙트(효과)가 모여 있는 패널입니다. 비디오의 이펙트와 트렌지션, 오디오의 이펙트와 트렌지션 등 여러 가지 효과들을 보관하고 있으며, 외부에서 유료로 결제한 프리셋을 넣어 추가적으로 사용할 수도 있습니다.

  루메트리 프리셋(Lumetri Presets)에서 제공하는 다양한 프리셋을 활용하여 색보정, 블러, 모자이크 등의 효과가 포함된 영상을 만들 수 있습니다.

▲ 프로젝트 창의 이해 5번에서 소개했던 [Project] 패널의 다섯 번째 탭을 선택하면 [Effect] 패널로 들어간다.

- **[Markers] 패널**: 작업 중에 표시한 마커의 정보를 나타내는 패널입니다. 마커의 인 점과 아웃 점의 타임코드를 확인 후 수정할 수 있으며 이름과 메모 등 간단한 정보도 입력하여 확인할 수 있습니다.

▲ 프로젝트 창의 이해 5번에서 소개했던 [Project] 패널의 여섯 번째 탭을 선택하면 [Markers] 패널로 들어간다.

- [History] 패널: 편집 및 여러 가지 작업을 실행한 명령어를 차례대로 기록해서 보여주는 패널입니다. 작업자가 작업한 내용을 확인할 수 있으며 재생 목록을 확인하여 이전 명령으로 돌릴 수도 있습니다.

▲ 프로젝트 창의 이해 5번에서 소개했던 [Project] 패널의 일곱 번째 탭을 선택하면 [History] 패널로 들어간다.

프리미어 프로 편집의 시작

새로운 프로젝트를 만들어서 편집을 하기 위해서는 시퀀스라고 불리는 작업 영역을 만들어야 합니다. 자! 그렇다면 시퀀스를 만드는 방법은 어떻게 하는 걸까요? 지금부터 따라서 만들어보도록 하겠습니다.

▶ 시퀀스(Sequences) 제작하고 설정하기

01 시퀀스는 [File] - [New] - [Sequences]순으로 실행을 하며 단축키로는 Ctrl + N을 누르시면 됩니다.

02 [New Sequence] 설정창이 나타나면 오른쪽 사진 처럼 나타나게 되며 [Sequence Presets], [Setting], [Tracks], [VR Video] 항목을 볼 수 있습니다. 여기에서 [Sequence Presets]는 촬영기기, 편집 종류별로 나누어져 있어 유튜브에서 업로드하는 영상 셋팅을 찾기가 어렵습니다.

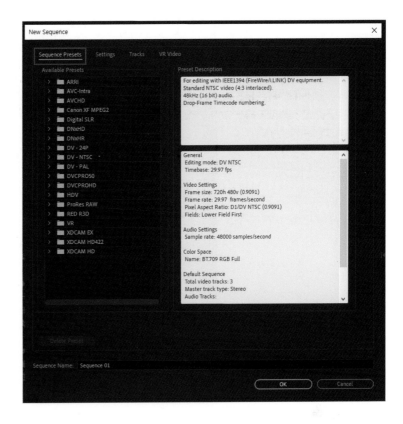

그렇기에 여기에서는 바로 [Setting]으로 넘어가 직접 입력을 하도록 하겠습니다.

03 [Setting] 창에는 원하는 형식으로 시퀀스를 만들 수 있도록 다양한 옵션들이 있습니다. 그 중 가장 먼저 해야 할 것은 ❶ [Editing Mode]에서 항목을 고르는 것입니다. 여기를 클릭하여 ❷ [Custom]을 선택하여 자유롭게 설정할 수 있게 바꾸도록 합니다.

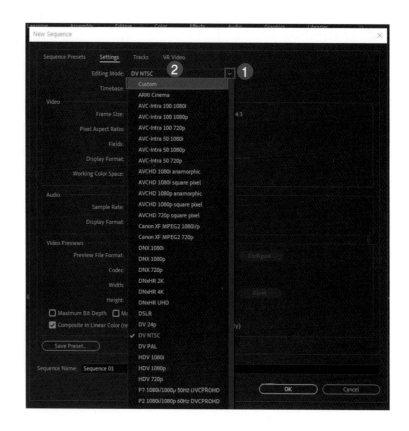

04 [Timebase]는 편집을 실시할 때 촬영물을 1초에 몇 프레임으로 설정할 것인지를 묻는 것입니다. 그렇기에 평균적으로 사용하는 것은 [29.97]], [30], [60] 프레임입니다. 그 중 저자는 [29.97] 프레임으로 설정하여 편집을 진행해보도록 하겠습니다. 먼저 ❶ 메뉴 오른쪽에 있는 화살표를 누르시면 메뉴가 열리며 그곳에서 ❷ [29.97 frames/second]를 클릭을 해보겠습니다.

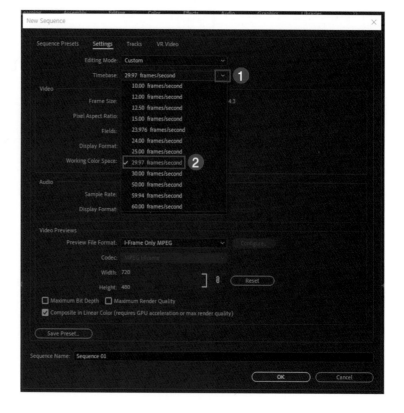

05 ❶ [Frame Size]에서 1920×1080으로 사이즈를 조절 후 [vertical]이 16:9사이즈로 바뀌었는지 확인한 후 사이즈가 아닐 경우에는 바로 아래에 있는 [Pixel Aspect Ratio]메뉴를 열어 ❷ [Square Pixels (1.0)]으로 설정을 해줍니다. 그리고 ❸ [Sequence Name]을 원하는 이름으로 설정을 합니다.

06 설정을 마무리 하고 [OK]를 누르는 것이 아닌 ❶ [Save Preset]을 선택을 합니다. ❷ [Save Sequence Preset] 설정창이 나오게 되면 [Name]과 [Description]에 내용을 입력하고 [OK]를 선택합니다. 이렇게 설정을 하시게 되면 나만의 시퀀스 설정이 완성이 됩니다.

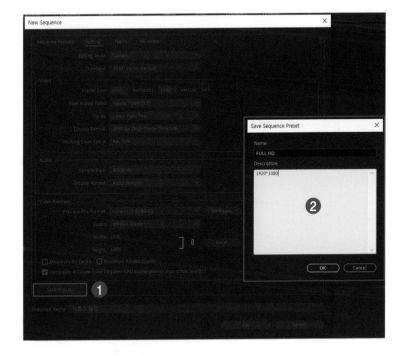

07 [New Sequence]에서 아래의 메뉴를 확인하시면 [Custom]폴더가 생기며 그 아래에 방금 제작한 프리셋이 생긴 것을 확인하였을 것입니다. 여기에서 확인한 후에 [OK]를 누르시면 시퀀스가 생성이 됩니다.

08 한 개의 시퀀스가 프리미어 프로 프로젝트에 생성이 되면 왼쪽 아래의 프로젝트창에 시퀀스가 생성이 되는 것을 확인할 수 있으며, 프로그램창과 타임라인 창 또한 이름이 바뀌는 것을 확인할 수 있을 것입니다.

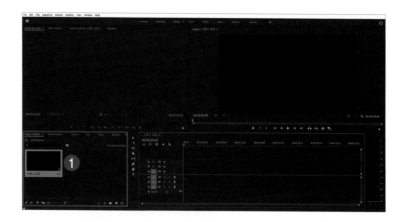

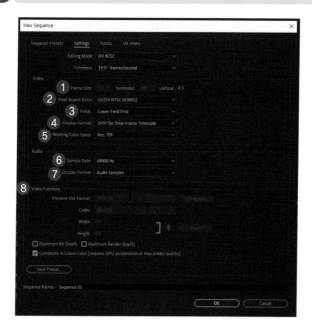

1 Frame Size: 프레임 사이즈는 편집을 시작할 화면의 크기 및 해상도를 뜻하는 것이며 크기를 직접 입력함으로써 다양한 크기로 제작이 가능합니다. 그러나 주 사이즈는 16:9사이즈로 하고 있으며 FHD 사이즈인 1920*1080 사이즈를 많이 사용하고 있습니다.

> **Tip**   디스플레이 해상도 사이즈 종류는
>
> • 3840 × 2160(UHD, 4K)   • 2560 × 1440(QHD, 2K)   • 1920 × 1080(FHD)
> • 1280 × 720(HD)   • 640 × 480(SD)

---

2 Pixel Aspect Ratio: 화면을 구성하는 픽셀 한 개의 크기(비율)로, 디지털 작업은 대부분 기본 설정 값인 [Square Pixels (1.0)]로 지정합니다.
예시) 1920 × 1080는 픽셀이 가로 1920개, 세로 1080개를 뜻한다.

3 Fields: 화면을 주사하는 방식에 따라 구분하는 설정입니다. 과거에는 브라운관에 주사하는 방식에 따라 구분을 지었으나 현재는 [No Fields (Progressive Scan)]를 기본으로 지정합니다.

4 Display Format: [New Project] 설정 창에서 [Video] 항목의 [Display Format]과 동일한 항목으로, 타임라인에 표시되는 시간 정보를 선택할 수 있습니다.

5 Working Color Space: 작업 색상 공간이라고도 합니다. 편집 작업을 하고 있는 화면과 랜더링으로 내보낼 영상에 적용이 되는 색상 프로필을 설정하는 것인데 주로 기본 값인 Rec.709를 그대로 적용합니다.

6 Sample Rate: 오디오의 주파수(Hz)를 설정합니다.

7 Display Format: [New Project] 설정 창에서 [Audio] 항목의 [Display Format]과 동일한 항목으로, 오디오 시간 정보를 보여주는 방식을 지정합니다.

❽ Video Previews: 프리미어 프로에서 비디오를 미리 보기 할 때 사용하는 포맷과 코덱, 크기를 지정합니다. [Width]와 [Heigh]를 시퀀스 설정과 동일하게 변경이 되며 기본 설정을 유지하면 됩니다.

> Tip 프레임을 간단히 설명하자면 영상 1초에 보여지는 사진의 개수를 의미합니다. [30Frame]은 1초에 30장 의 사진을 사용한다는 의미입니다. 영상은 연속된 사진을 영사기에 비춰 만들어지므로, 프레임의 숫자가 높을수록 부드러운 영상이 만들어집니다.

▶ 간단한 실습 프로젝트 파일 저장하고 닫기

① 프로젝트 파일 저장하기

❶ 프로젝트 파일을 저장하려면 [File] - [Save] 메뉴를 선택합니다. 기본적으로 프로젝트 파일을 생 성하면서 지정한 위치에 파일이 저장이 됩니다. 그러나 파일이 생성된 것이지 저장이 된 것은 아 니기에 저장을 하셔야 합니다.

❷ [Save As]는 지금의 파일명을 놔두고 새로운 파일명으로 저장할 경우에 사용을 하면 됩니다.

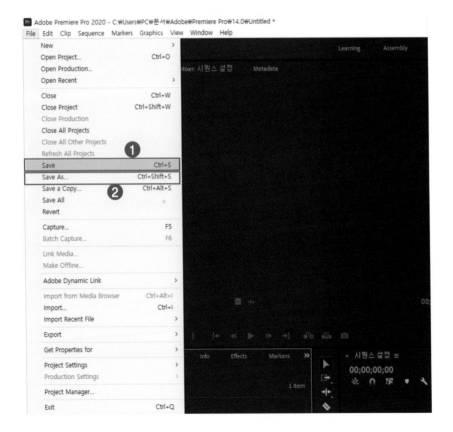

② 프로젝트 파일 닫기

❶ 프로젝트 파일 닫으시려면 [File] - [Close Project] 메뉴를 선택하시면 프로젝트가 닫히게 됩니다.

❷ 프리미어 프로는 여러 개의 프로젝트를 한 번에 열수도 있습니다. 그렇기에 한 번에 여러 개의 프로젝트를 닫기 위해서는 [File] - [Close All Project]를 사용하시면 됩니다.

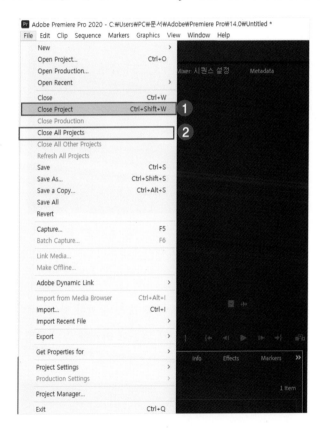

▶ 각 패널을 활용한 영상 편집 시작하기

영상 편집을 시작하기 위해서 시퀀스를 설정을 하였다면 이제는 다양한 패널들을 활용하여 편집을 실제로 시작하는 것을 해보려고 합니다. 영상편집의 꽃인 컷 편집부터 시작하여 다양한 기능들을 지금부터 같이 해보도록 하겠습니다.

▶ 여기서 잠깐 **편집 시작 전 수업용 자료 가져가세요**

지금부터 시작하는 패널을 활용한 영상 편집은 영상 자료를 이용하여 진행할 예정입니다. 이 자료들은 구글 드라이브를 통하여 여러분들에게 제공이 되며, 같이 진행을 해보도록 하겠습니다.

구글 드라이브 주소
- 영상 자료 : 프리미어 기초 편집 자료
  https://bit.ly/3M3FFVM

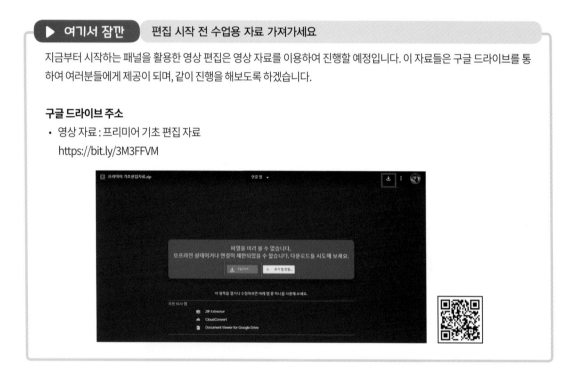

---

① 외부 동영상을 가져오는 방법

시퀀스를 활용하여 편집하기 위해서는 외부의 장비를 통해 촬영한 촬영 동영상이 필요합니다. 이러한 동영상들은 [Project]창에 보관을 하여 사용하게 되는데 여기에 외부 동영상을 가져오는 방법은 3가지가 있습니다.

첫 번째, ❶ [File] - ❷ [Import]를 통해 가져오는 방법입니다. [Import]는 한글로 '가져오다'라는 뜻
으로 외부에서 영상물, 소스, 그림 등 여러 가지 파일들을 가져오는 방법을 뜻합니다.

두 번째, ❶ [Project] 패널에서 비어 있는 공간을 [더블 클릭]을 하시게 되면 [Import]창이 나오게 됩
니다. 그 후 첫 번째 방법과 같이 영상 파일을 선택하고 [열기]를 클릭하시면 됩니다.

세 번째, ❶ 영상 소스의 폴더를 연 후 프리미어 프로의 ❷ [Project] 패널에 [클릭] – [드래그] 방식을 통해서 영상 파일을 넣으시면 소스의 등록이 가능합니다.

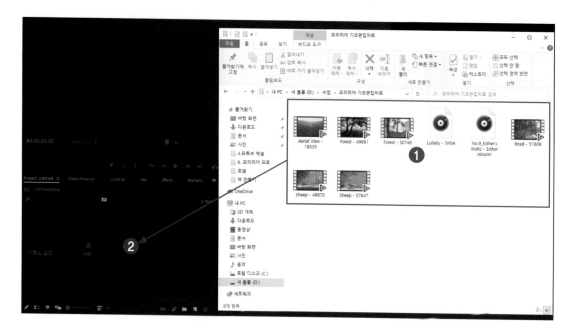

② 영상 소스 확인하기

[Project] 패널로 영상 소스와 이미지 소스, 오디오 소스 등 여러 가지 소스를 들고 오시면 3가지 형태 이미지로 확인을 할 수 있습니다. 이러한 형태들은 각자 장단점이 존재합니다. 편집자가 확인하기 위한 형태의 아이콘은 [Project] 패널의 하단 왼쪽에 존재합니다.

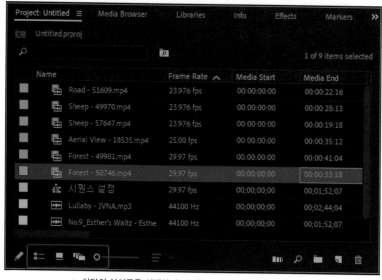

▲ 하단의 아이콘을 선택하면 다양한 방법으로 정보를 볼 수 있다.

▶ List View

List View는 폴더의 [자세히] 보기 창과 같이 가지고 온 영상 소스의 길이, 프레임, 영상의 해상도, 오디오 등 여러 가지 정보를 한 번에 보여주는 기능입니다.

▶ Icon View

Icon View는 영상을 큰 아이콘처럼 크게 만들어 가져온 영상소스 및 오디오 소스가 어떤 영상인지 미리 확인을 할 수 있게 도와주는 기능을 가지고 있습니다. 영상 소스에는 영상 파일의 이름, 길이, 화면, 영상과 오디오의 존재 확인 등 여러 가지를 확인할 수 있습니다.

▶ Freeform View

Freeform View는 영상의 크기를 자유롭게 키워 영상을 미리 확인이 가능한 기능입니다. 단 Icon View와는 다르게 영상의 길이는 확인이 불가능합니다.

> **Tip** **여기서 추가기능 확인**
>
>
>
> Icon View를 이용 시에 영상 소스의 아래 부분에 마우스를 가져다 놓으시면 파랑색의 라인이 생기게 되며 이 라인을 기준으로 하여 마우스를 왔다 갔다 하시면 영상 소스의 각 구간을 미리 확인할 수 있습니다.

③ [Timeline]으로 영상 소스를 옮기는 방법

[Project] 패널의 영상소스를 이용하여 컷편집을 하기 위해서는 [Timeline]을 활용해야 합니다. 그리고 [Timeline]으로 영상 소스를 옮기는 방법에는 두 가지 방법이 있습니다.

첫 번째, [Source] 패널을 이용하여 영상 소스를 미리 편집을 하고 [Timeline]으로 옮겨 원하는 방향으로 스토리라인을 만든다.

두 번째, [Project] 패널의 영상 소스를 직접 [Timeline]으로 옮겨 원하는 스토리라인으로 컷편집을 실시한다.

그럼 자세하게 한 번 더 살펴보도록 하겠습니다.

첫 번째 방법, [Source] 패널을 이용하여 영상 소스를 미리 편집하고 [Timeline]으로 옮겨 원하는 방향으로 스토리라인을 만든다.

❶ [Project] 패널에서 영상 소스를 [더블 클릭]을 하시게 되면 ❷ [Source] 패널에 [더블 클릭]을 한 영상 소스가 화면에 나오게 됩니다.

[Source] 패널에서 ❶의 마크를 통해 영상을 확인을 한 후 ❷번의 아이콘을 이용하여 자신이 원하는 만큼의 영상을 지정합니다. 그리고 ❸번의 아이콘을 통하여 ❹번의 위치로 영상 소스를 옮길 수가 있습니다.

두 번째, [Project] 패널의 영상 소스를 직접 [Timeline]으로 옮겨 원하는 스토리라인으로 컷편집을 실시한다.

❶ [Project] 패널에서 영상 소스를 드래그하여 ❷번의 [Timeline]으로 옮기게 되면 [Clip Mismatch Warning] 창이 뜨게 됩니다. 그 때 ❸을 클릭하시면 영상 소스가 [Timeline]으로 정확하게 옮겨지는 것을 확인할 수 있습니다.

Tip   오디오 파일 또한 동일한 방법으로 진행할 때 [Timeline]에 넣을 수가 있습니다.

① [Source] 패널에 영상 불러오고 닫기

[Project] 패널 또는 [Timeline] 패널에서 편집이 필요한 소스를 더블 클릭하면 [Source] 패널로 불러온다.

여러 개의 소스파일을 동시에 불러올 수도 있다. Ctrl을 누른 상태로 소스 파일을 클릭하면, 여러 개의 파일을 선택할 수 있다. [Source] 패널로 드래그해서 영상을 불러올 수도 있다. [Source] 패널에 영상을 잘못 불러왔다면 해당 파일을 선택하여 닫을 수 있다.

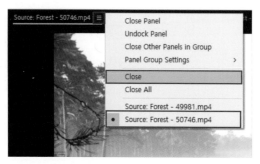

[Close All]을 선택하면 [Source] 패널에 열려있는 모든 소스를 닫게 된다.

② [Source] 패널에서 타임라인으로 인서트(Insert)하기

소스 패널의 아래쪽을 보면 [Insert] 아이콘을 찾을 수가 있다. 이 아이콘을 클릭하게 되면 소스 영상이 타임라인 기준선이 있는 곳을 기준으로 기존 영상 클립사이에 삽입된다. [Insert]의 단축키는 ,이다.

③ [Source] 패널에서 타임라인으로 오버라이트(Overwirte) 하기

소스 패널의 아래쪽을 보면 [Overwirte] 아이콘을 찾을 수가 있다. 이 아이콘을 클릭하면 소스 영상이 타임라인 기준선이 있는 오른쪽 영상들을 덮어쓰기로 삽입이 된다. 오버라이트 기능은 기존 영상 위에 덮어쓰기를 하여 기존 영상을 없애는 기능을 가지고 있다. 오버라이트의 단축키는 .이다.

④ [Source] 패널에서 인점(Mark In, 시작표시), 아웃점(Mark Out, 종료 표시) 설정하기

소스패널에서 영상 소스의 인점(Mark In, 시작표시)과 아웃점(Mark Out, 종료표시)를 설정할 수 있다. 인점은 영상 소스의 시작되는 부분을 설정하는 기능이고, 아웃점은 영상 소스가 끝이 나는 부분을 설정하는 기능이다. 소스 패널에서 설정한 인점과 아웃점은 실제 원본 소스에는 영향을 끼치지 않지만 설정을 하였을 경우, [Timeline] 패널로 영상 소스를 옮길 때는 설정한 범위의 영상 소스만 옮겨진다는 것을 알고 있어야 한다. 소스 패널의 아래쪽의 인점(Mark In)은 단축키가 [I]이며 클릭을 하게 되면 영상 소스의 타임라인에 인점이 표시가 된다.

소스 패널의 아래쪽의 아웃점(Mark Out)은 단축키가 [O]이며 클릭하게 되면 영상 소스의 타임라인에 아웃점이 표시가 된다.

소스 패널의 인점과 아웃점을 설정하게 되면 인점과 아웃점을 연결하는 영상소스의 하이라이트가 표시가 되며 영상의 길이를 [회색]으로 확인할 수 있다.

소스 패널에서 인점(Mark In)과 아웃점(Mark Out)을 설정을 한 후에 [Insert]와 [Overwrite]를 클릭하게 되면 타임라인에 삽입을 할 수가 있게 된다.

⑤ 영상 소스의 인점(Mark In)과 아웃점(Mark Out) 조절하기

소스 패널에서 영상 소스의 인점과 아웃점은 반드시 한 개씩만 설정을 할 수가 있다. 따라서 편집 작업을 하는 도중 인점과 아웃점의 위치를 수정을 하려고 한다면 플레이 헤드(파랑마크)를 변경하고자 하는 위치에 옮기신 다음 인점과 아웃점을 다시 클릭하여 설정하면 기존의 인점과 아웃점은 삭제가 된다. 소스 영상에서 기존의 인점(Mark In)으로 이동하고 싶을 경우에는 [Go to In] 아이콘을 클릭하거나 단축키 [Shift] + [I]를 클릭하면 된다.

소스 영상에서 기존의 아웃점(Mark Out)으로 이동하고 싶을 경우에는 [Go to Out] 아이콘을 클릭하거나 단축키 [Shift] + [O]를 클릭하면 된다.

⑥ 영상 소스의 인점(Mark In)과 아웃점(Mark Out) 삭제하기

소인점(Mark In)과 아웃점(Mark Out)이 설정 된 영상 소스에서 두 개의 점을 삭제하는 방법은 단축키 Ctrl + Shift + I 로 인점을 삭제할 수 있으며, Ctrl + Shift + O 를 이용하여 아웃점을 삭제할 수 있다.

인점과 아웃점을 삭제하는 아이콘을 추가하는 방법은 소스 패널의 아래쪽에서 + 버튼을 눌러 [Clear In], [Clear Out] 아이콘을 드래그 하여 추가하면 된다.

⑦ [Source] 패널의 플레이 아이콘 컨트롤

소스 패널에서 영상을 재생할 수 있는 플레이 아이콘에 대해서 알아보겠습니다. 플레이 아이콘은 [Program] 패널에 있는 기능과 똑같으며 기능들을 지금부터 알아보도록 하겠습니다.

Play-Stop Toggle (단축키 Space Bar)

영상 소스를 재생과 정지를 하는 역할을 합니다.

- Step Back 1 Frame 단축키 →
- Step Forward 1 Frame 단축키 ←

앞, 뒤로 한 프레임씩 이동한다.

*추가 단축키
- 단축키: L 재생   단축키: K 정지   단축키: J 역재생

④ 영상 소스를 컷편집을 해보자!

영상 소스를 [Timeline]으로 옮긴 후 컷편집을 하기 위해서는 [Tool]에 대해서 알아야 컷편집을 시작할 수 있다.

❶ **Selection Tool (선택 툴)** Ⓥ: 말 그대로 선택을 하는 도구. 타임라인 트랙에서 비디오, 오디오 클립을 선택할 때 사용하며, 또는 그 외의 모든 패널에서 기본적으로 오브젝트를 선택할 때 사용한다.

❷ **Track Select Tool (트랙 선택 툴)** Ⓐ: 선택하는 비디오 클립을 기준으로 뒤의 모든 컷을 선택합니다. Selection Tool을 사용하여 타임라인 내 컷들을 드래그 선택해도 상관없으며 계속 누르고 있으면 숨겨진 툴이 나타납니다.

❸ **Ripple Edit Tool (리플 편집 툴)** Ⓑ: 선택한 컷의 길이를 조정하는 도구입니다.
Rolling Edit Tool (롤링 편집 툴) Ⓝ: 두 개의 컷 사이에서 앞 컷의 아웃점과 뒤 컷 인점을 동시에 변경하고 두 컷의 전체 길이는 유지됩니다.
Rate Stretch Tool (속도 조절 툴) Ⓡ: 두 개의 컷 사이에서 앞 컷의 아웃점과 뒤 컷 인점을 동시에 변경합니다.

❹ **Razor Tool (자르기 툴)** Ⓒ: 타임라인의 트랙에서 클립을 원하는 위치에서 자를 수 있는 도구입니다. 컷편집을 하는데 있어 가장 많이 사용이 됩니다.

❺ **Slip Tool (슬립 툴)** Ⓨ: 선택 컷의 길이가 유지되며, 선택 컷의 인점과 아웃점을 변경합니다. 꾸욱 누르면 숨겨진 툴이 나타납니다.
Slide Tool (슬라이드 툴) Ⓤ: 선택한 컷의 길이와 인/아웃점이 유지되며, 선택한 컷이 타임라인 내 삽입되는 지점을 변경합니다. 앞에 붙은 컷의 아웃점과 뒤에 붙은 컷의 인점이 변경됩니다.

❻ **Pen Tool (펜 툴)** Ⓟ: 클립 내 그래픽 바를 생성하며 타임라인이 아닌 [Program] 패널을 통해서 간단한 모양을 만들 수 있습니다.

❼ **Hand Tool (핸드 툴)** Ⓗ: [Program] 패널의 영상작업 위치를 변경하거나 타임라인 내 트랙을 탐색 및 위치 이동을 하는데 사용합니다.
Zoom Tool (줌 툴) Ⓩ: [Program] 패널의 화면을 확대하거나 축소하는 기능을 가지고 있습니다.

❽ Type Tool (타입 툴) Ⓣ: [Program] 패널을 이용하여 영상을 제작할 때 필수 요소 중 하나인 자막을 생성하는 역할을 합니다.

⑤ 컷편집을 위한 [Timeline] 사용법

❶ [Project] 패널에서 영상 소스를 드래그하여 [Timeline]으로 옮기게 되면 화면과 같이 영상이 정리가 됩니다.

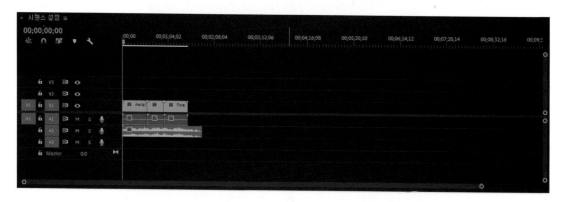

❷ [Program] 패널에서 재생버튼을 통해 영상을 확인합니다. 그리고 삭제해야 하는 곳을 찾게 되면 다시 한 번 재생버튼을 눌러 영상을 정지합니다.

❸ 영상을 정지한 후 타임라인을 보면 파란색의 라인이 재생된 범위를 보여주게 됩니다. 단축키 ⓒ 를 누르거나 직접 [자르기 툴]을 선택하여 마우스로 클릭하게 되면 영상이 2개로 나누어지게 됩니다.

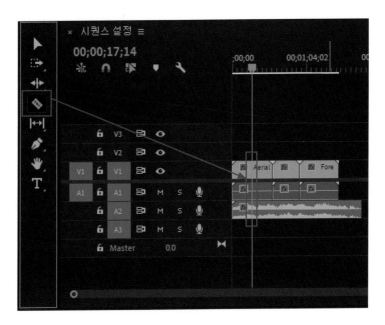

❹ 2개로 나누어진 영상 중 삭제하고 싶은 영상을 [선택 툴]로 선택한 후 키보드에서 Delete 키를 누르시면 영상이 삭제가 됩니다. 컷편집은 이렇게 쉽게 할 수가 있습니다.

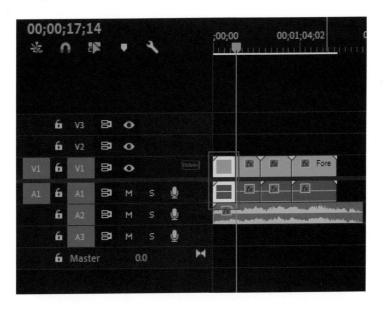

❺ 삭제된 영상의 자리는 화면과 같이 '검은색'으로 표시가 되며 재생을 하게 되면 프로그램 패널에서 검은 화면으로 나오게 됩니다. 그렇기에 뒤의 영상을 앞으로 옮겨 맞춰주셔야 하는데, 옮기는 방법은 다음과 같습니다.

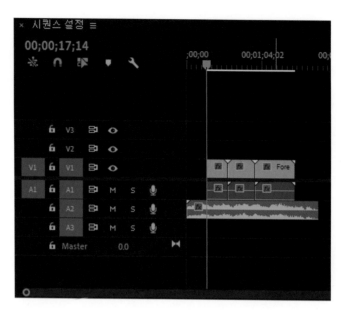

❻ 뒤의 영상을 [선택 툴]로 선택한 후 마우스를 이용하여 하나씩 드래그를 하면 영상이 화면과 같이 앞으로 이동하게 됩니다. 그러나 이러한 방법은 그다음 뒤 영상 또한 수작업으로 직접 옮겨야 한다는 단점이 있습니다.

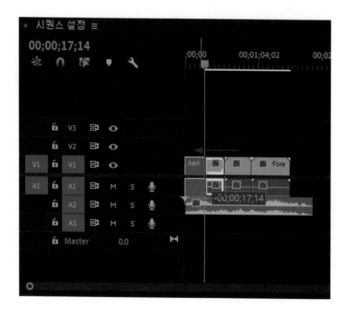

❼ 그렇기에 다른 방법으로는 삭제된 '검은색' 영역을 클릭하면 '흰색'으로 클릭이 되며 이 상태에서 마우스 오른쪽을 클릭하여 메뉴를 열면 [Ripple Delete]기능이 활성화됩니다. 이 기능을 이용하면 뒤에 있는 모든 영상이 앞으로 이동하게 됩니다.

> **Tip**　프리미어 프로의 컷편집은 [Tool]과 [Timeline]을 조금만 활용할 줄 아시면 이렇게 쉽게 편집 작업을 할 수가 있습니다.

▶ 여기서 잠깐   **[Timeline]의 추가적인 기능들도 알아보자!**

① 타임라인의 길이 조절하기

타임라인은 아래의 사진과 같이 기본 형태일 경우에는 시간이 매우 길게 표시됩니다. 그래서 영상소스를 가져와 작업할 경우 세밀한 작업을 하는 데에 어려움이 있습니다. 그럴 때에는 화면 하단의 라인을 조절하면 됩니다.

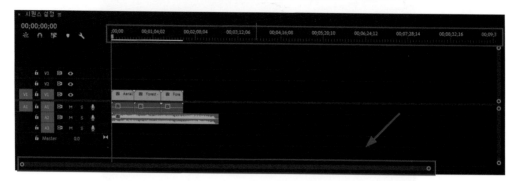

화면 아래에 있는 라인을 조절하면 타임라인의 시간이 줄어들어 세밀한 편집을 가능하게 합니다. 빠른 단축키는 ⊞, ⊟입니다.

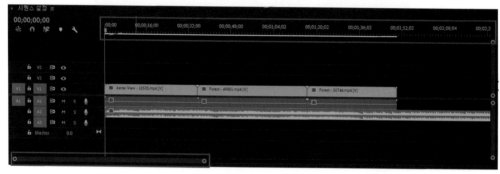

▲ 적용사례

② 타임라인의 트랙 추가하기

타임라인을 통해 작업하다 보면 트랙이 부족한 상황이 나타날 수 있습니다. 특히, 카메라를 한 대가 아닌 2대 이상으로 촬영하여 편집 작업을 할 때 많이 생기게 됩니다. 이럴 경우에 기본으로 제공되는 3개의 트랙이 모두 다 쓰게 되어 추가적으로 트랙을 생기는 방법을 찾게 되는데, 이러한 방법을 알아보도록 하겠습니다.

타임라인의 트랙에서 ❶번 위치에 마우스의 오른쪽을 클릭하여 메뉴를 엽니다. 메뉴에서 ❷번[Add Track]을 클릭하시면 [V4]트랙이 생성됩니다.

많은 트랙을 한 번에 생성하고 싶을 경우에는 [Add Tracks...]을 클릭하여 여러 개의 트랙을 한 번에 설정할 수도 있습니다.

③ 타임라인 트랙이 잘 보이지 않을 경우

작업을 하다보면 트랙이 많아졌거나 모니터의 화면이 작아 트랙의 [Video]와 [Audio]가 잘 안 보이는 경우도 생길수도 있습니다. 이럴 경우에는 아주 간단한 방법으로 트랙을 키워 잘 보이게 할 수가 있습니다.

화면의 빨간 부분을 [더블 클릭]을 하게 되면 화면처럼 트랙이 커져 훨씬 잘 보이게 작업을 할 수가 있습니다.

▲ 마이크 아이콘의 빈 곳을 [더블 클릭]하자

④ 타임라인 트랙이 잘 보이지 않을 경우

타임라인의 아이콘들은 기본적으로 설정이 되어 있어 보통은 건들지 않고 작업을 하게 됩니다. 그러나 실제 작업을 하다보면 실수로 단축키를 잘못 클릭하거나 드래그를 하던 중 잘못 건드려서 기본 기능이 꺼지는 경우가 생기게 되는데요. 이럴 때 기본기능들 사이에 어떤 기능들이 있는지 알고 시작한다면 '오류'라고 느끼지 않고 바로 수정을 할 수가 있을 것입니다. 그럼 한번 알아볼까요?

❶ Current Time(Fame): 현재 시간(프레임)을 나타내는 기능입니다.

❷ Insert and Overwrite sequences as nests or individual clips: 시퀀스를 트랙으로 불러올 때 시퀀스 단위로 불러올지, 시퀀스 내의 소스를 모두 표시할지 설정하는 기능입니다.

❸ Snap: 자석 기능으로 소스끼리 인접할 때 자동으로 경계선이 붙어지도록 돕는 기능입니다.

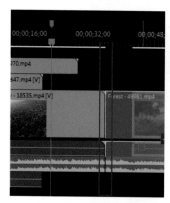

▲ 기능이 활성화되어 있을 때

▲ 기능이 활성화되어 있지 않을 때

❹ Linked Selection: 링크된 소스끼리 선택할 때 같이 선택하여 움직일지, 개별적으로 움직이게 할지를 결정하는 기능입니다.

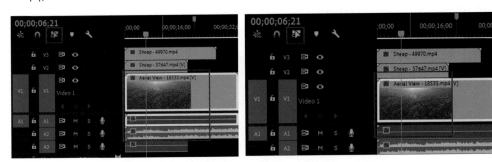

❺ Add Marke: 타임라인에 마커를 지정 / 타임인디케이터(7번)에서 누르면 색상 설정 및 마커설명을 첨가하여 설정이 가능합니다.

❻ Timeline Dispaly Setting: 타임라인에 표시할 내용을 설정하는 기능입니다.

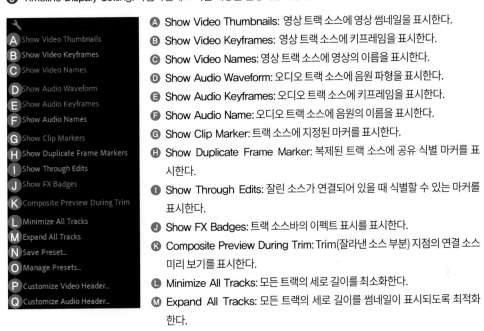

Ⓐ Show Video Thumbnails: 영상 트랙 소스에 영상 썸네일을 표시한다.

Ⓑ Show Video Keyframes: 영상 트랙 소스에 키프레임을 표시한다.

Ⓒ Show Video Names: 영상 트랙 소스에 영상의 이름을 표시한다.

Ⓓ Show Audio Waveform: 오디오 트랙 소스에 음원 파형을 표시한다.

Ⓔ Show Audio Keyframes: 오디오 트랙 소스에 키프레임을 표시한다.

Ⓕ Show Audio Name: 오디오 트랙 소스에 음원의 이름을 표시한다.

Ⓖ Show Clip Marker: 트랙 소스에 지정된 마커를 표시한다.

Ⓗ Show Duplicate Frame Marker: 복제된 트랙 소스에 공유 식별 마커를 표시한다.

Ⓘ Show Through Edits: 잘린 소스가 연결되어 있을 때 식별할 수 있는 마커를 표시한다.

Ⓙ Show FX Badges: 트랙 소스바의 이펙트 표시를 표시한다.

Ⓚ Composite Preview During Trim: Trim(잘라낸 소스 부분) 지점의 연결 소스 미리 보기를 표시한다.

Ⓛ Minimize All Tracks: 모든 트랙의 세로 길이를 최소화한다.

Ⓜ Expand All Tracks: 모든 트랙의 세로 길이를 썸네일이 표시되도록 최적화한다.

Ⓝ Save Preset...: 현재 설정된 디스플레이 세팅 옵션을 프리셋으로 저장한다.

Ⓞ Manage Presets...: 저장된 디스플레이 세팅 옵션을 불러온다.

Ⓟ Customize Video Header...: 영상 소스 헤더 아이콘을 임의로 설정한다.

Ⓠ Customize Audio Header...: 오디오 소스 헤더 아이콘을 임의로 설정한다.

❼ Time indicator: - 현재 작업 중인 시간 영역이나 트레임을 표기하는 막대바(파란 라인)

⑤ **타임라인의 트랙 아이콘들 이해하기**

타임라인의 트랙에 존재하는 아이콘들은 실제 편집 작업을 하면서 사용하는 아이콘들입니다. 이러한 아이콘들은 실제로 사용하는 만큼 독자분들이 이해를 하고 사용하셔야 편집에 많은 도움이 될 것입니다.

그럼 하나씩 알아가보도록 하겠습니다.

❶ **V1,A1(프로젝트 영상 소스의 비디오와 오디오)**: [V1]과 [A1]은 비디오와 오디오를 뜻하는 단어로 사용이 되고 있으며, 뒤에 존재하는 [V1], [A1]과는 이름은 같지만 전혀 다른 기능을 가지고 있습니다. [V1]과 [A1]의 여러 가지 기능들에 대해서 알아보겠습니다.

첫 번째 기능은 화면에 나오는 것처럼 프로젝트에 들어가 있는 영상 소스를 클릭할 때 그 영상이 영상과 오디오가 들어가 있는 파일인지 아닌지를 확인하는 기능을 가지고 있습니다.

두 번째의 사진을 보시면 오디오 음향을 선택을 하였을 경우에는 비디오 파일이 존재하지 않기 때문에 [A1]만 표시가 되는 것을 확인할 수 있습니다.

두 번째의 사진을 보시면 오디오 음향을 선택했을 경우에는 비디오 파일이 존재하지 않기 때문에 [A1]만 표시가 되는 것을 확인할 수 있습니다.

두 번째 기능은 프로젝트에서 영상파일을 드래그하여 타임라인으로 옮길 때 나타나는 현상입니다. 드래그를 할 때 사진과 같이 실수로 클릭을 하여 [A1]의 효과를 종료하였을 경우, 영상을 드래그하여 타임라인에 옮겼을 때 음성 없이 영상만 옮겨지는 것을 확인할 수 있습니다.

즉, 바탕화면에서는 영상과 소리가 잘 들리던 영상이 프리미어 프로에서는 잘 안 된다는 오류 아닌 오류가 발생하였을 경우 확인하시면 되는 기능입니다.

ex) 프리미어 프로 질문 게시판에 자주 올라오는 오류 중 하나입니다.

❷ Video와 Audio Tracks: 비디오와 오디오를 넣어 작업을 도와주는 트랙을 설정하는 뜻으로 [Video1], [Video2], [Video3]등으로 표시를 하고 있습니다. 파란색으로 활성화하는 기능 중에 대표적인 기능은 영상 및 자막을 복사, 붙이기 기능을 쓸 때 자주 활용이 되고 있습니다.

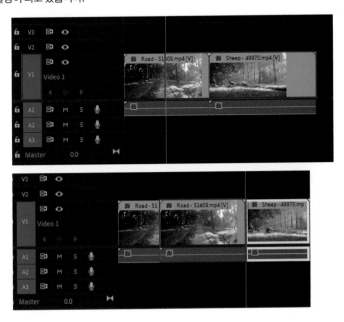

[V1]이 활성화가 되어 있을 경우 복사를 하게 되면 사진자료처럼 파란바 뒤로 덮어씌여지면서 붙여넣기가 진행이 됩니다.

그러나 붙여넣기 할 장소에 [V1]과 [A1]이 비활성화가 되어 있다면 그 다음 자리인 [V2]에 붙여넣기가 되는 것을 확인할수가 있습니다.

❸ Mute Tracks: 해당 트랙의 음원을 음소거하여 들리지 않게 하는 기능입니다.

❹ Solo Tracks: 여러 트랙이 음원이 있어도 해당 트랙의 음원만 들리게 만들어주는 기능입니다.

❺ Voice-over record: 컴퓨터에 설치가 된 마이크가 있을 때 활성화되며, 실시간으로 녹음을 진행하여 오디오 트랙에 추가를 할 수 있게 해주는 기능입니다.

❻ Toggle Track output: 해당 트랙에 있는 영상소스를 보이게 하거나 보이지 않게 만들어 주는 기능입니다.

❼ Toggle Track Lock: 해당 트랙 소스를 수정하지 못하게 잠그는 기능입니다.

▶ 영상의 트렌지션(화면전환)기능 시작하기기

화면의 트렌지션은 영상 소스와 영상 소스가 결합되어 첫 영상 소스가 끝나는 지점에 다음 영상으로 바뀔시 나타나는 이펙트 효과를 말합니다.

이러한 효과는 단순한 컷편집의 지루함을 보내고 시청자들에게 집중도를 올려주는 역할을 하기도 합니다. 자! 그럼 트렌지션의 효과 사용법을 지금부터 알아보도록 하겠습니다.

▶ 여기서 잠깐 · 편집 시작 전 수업용 자료 가져가세요

지금부터 시작하는 트렌지션 기능은 기본 기능도 존재를 하지만 기본기능은 이펙트가 부족한 부분이 있습니다. 그렇기에 책을 사서 읽은 독자분들을 위한 외국사이트에서 제작한 무료 트렌지션 소스를 공유하도록 하겠습니다. 또한, 추가적인 소스를 원할 시에는 [어썰트썬의 영상박스] 유튜브 채널을 통해 연락을 하시면 도움을 드리도록 하겠습니다. (출처 : https://tutsplus.com/)

구글 드라이브 주소
- **영상 자료** : 10 free smooth transition pack
- **다운로드 주소** : https://bit.ly/3uZSUBd

---

① 효과적인 기본 트렌지션 효과 사용법

가장 기본이 되는 트렌지션 효과는 디졸브 효과라고 하여 첫 영상소스가 투명화가 진행이 되면서 다음 장면이 나오는 효과입니다. 이 효과는 사용방법이 매우 쉬워 많은 사람들이 사용하는 효과입니다.

자! 그럼 사용방법을 알아보도록 하겠습니다.

❶ 영상을 두 개를 준비를 한 후 영상과 영상 사이에 바를 배치합니다. 그리고 영상과 영상 사이에 마우스를 클릭을 하면 [[ ] 표시가 뜨게 되는데 이 표시가 나왔을 때 마우스 오른쪽을 클릭하시면 사진자료와 같은 메뉴가 나오게 됩니다.

❷ 메뉴가 나왔을 때 [Apply Default Transitions]를 클릭하시면 투명화로 표현이 되는 디졸브 트렌지션이 적용이 됩니다.

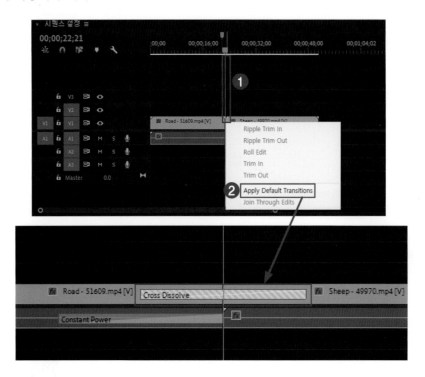

❸ 사진자료와 같이 화면이 투명화로 진행되었다면 트렌지션이 적용된 것이며, 기본적으로 약 1초의 시간을 두고 트렌지션 기능이 활성화됩니다.

▲ 재생 버튼을 눌러 효과가 잘 적용되었는지 확인하자.

❹ 1초의 기본시간이 아닌 [더 빠르게] 변환을 하거나 [더 느리게] 변환을 하고 싶을 경우에는 상단
의 [Effect Controls] 패널을 열어 [Duration] 메뉴에서 시간을 설정하시면 원하는 시간을 소모
하여 트렌지션 효과가 진행이 됩니다.

② 기본 [Effects] 패널을 활용한 트렌지션 효과들

❶ 하단에 있는 [Effects] 패널을 선택하게 되면 여러 가지 효과들이 모여있는 패널이 열리게 됩니다.
❷ 많은 폴더들 중에서 [Video Transitions]이 트렌지션을 할 수 있는 이펙트들이 모여 있는 폴더
입니다.
❸ 각 폴더에서 원하는 기능을 선택을 한 후 타임라인에 영상과 영상사이로 드래그를 하시면 간단
하게 사용을 할 수가 있습니다.

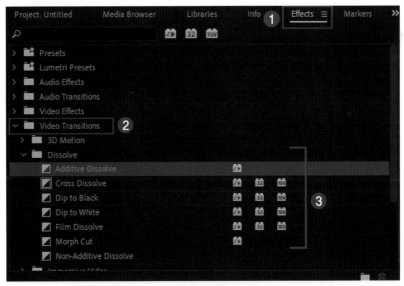

▲ 원하는 효과를 영상 사이로 드래그하여 놓으면 쉽게 적용된다.

③ 무료 트렌지션 프리셋을 사용하는 방법

무료 트렌지션은 10 free smooth transition pack팩으로 약 10개의 트렌지션 효과들을 모아놓은 프리셋입니다.

자! 그럼 사용방법을 한번 알아보도록 하겠습니다.

❶ [Effect] 패널을 클릭하여 활성화를 하신 후 패널의 오른쪽에 있는 메뉴를 클릭하시면 사진자료 와 같은 메뉴가 확인이 가능합니다.

❷ 메뉴의 [Import Presets]를 클릭하신 후 위에서 다운받은 프리셋 소스를 클릭하여 [열기]를 하 시면 됩니다.

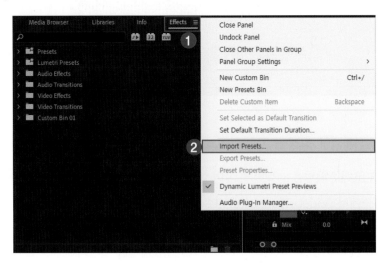

❸ 프리셋을 활성화하시면 사진자료와 같이 [Presets] 폴더에 [Ankit Bhatia Films]라는 폴더가 생 긴 것을 확인할 수 있습니다. 그 아래를 내리시면 프리셋 파일을 찾을 수가 있습니다.

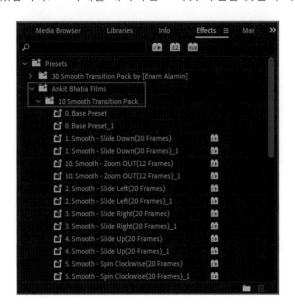

❹ 제공한 프리셋을 사용하기 위해서는 자료사진에 표시를 한 것과 같이 사용방법을 이해하셔야 합니다. 이 사용 방법은 여러분들이 책을 보고 따라하시면 정말 쉽게 이해하고 활용을 할 수가 있을 겁니다.

그럼 지금부터 따라하기를 해보도록 하겠습니다.

④ 무료 프리셋 따라서 사용해보기!

❶ [10 Smoth Transition Park] 사용하기

먼저 [10 Smoth Transition Park]의 폴더를 열어 확인을 하시면 (20 Frames)이 필요하다는 문구와 (10 Frames)이 필요하다는 문구를 확인할 수가 있습니다. 그리고 [Base Preset]이라는 혼자 다른 이름을 가진 이펙트 파일을 확인을 할 수가 있습니다.

자! 그렇다면 사용 방법을 지금부터 같이 따라해 보도록 하겠습니다.

프로젝트 패널로 돌아가 Ⓐ번 아이콘을 선택하여 Ⓑ[Adjustment Layer](조정 레이어)를 선택하여 이펙트 효과를 넣어줄 그래픽 바를 만들어 줍니다.

[Adjustment Layer] 설정창이 뜨면 [OK]를 눌러 프로젝트 패널에 [Adjustment Layer]가 생기게 해줍니다.

프로젝트 패널에 생긴 [Adjustment Layer]를 타임라인에서 영상들이 컷이 되는 위치의 바로 위 [V2] 트랙에 배치를 해줍니다.

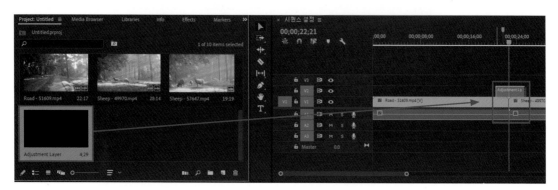

배치된 [Adjustment Layer]를 이펙트 효과를 적용하기 위해서 영상과 영상 사이를 기준으로 하여 각 각 10Frame씩 이동하여 잘라줍니다.

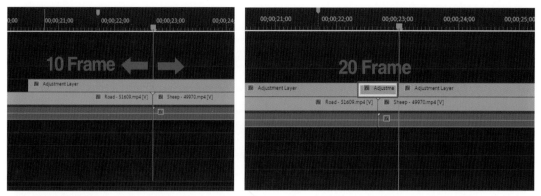

▲ 해당 효과를 사용하기 위해서는 20Frame이 필요하다. 파란 선을 기준으로 좌우로 10Frame의 여분을 만들어야한다.

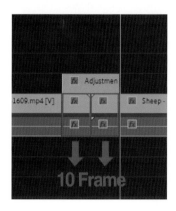

[Adjustment Layer]를 다 자르신 다음 아래의 영상도 10Frame씩 잘라 줍니다.

🅐 [Effects] 패널을 다시 열어 [Adjustment Layer]에는 [Smooth]시리즈의 효과를 적용하시고
🅑 10Frame씩 자른 영상에는 [Base Preset]을 드래그하여 적용시켜 줍니다.

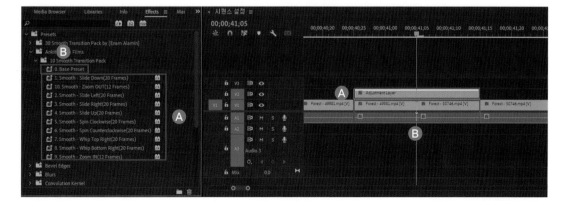

영상을 재생하여 트렌지션 효과가 잘 적용되었는지 확인한 후 마무리를 합니다.

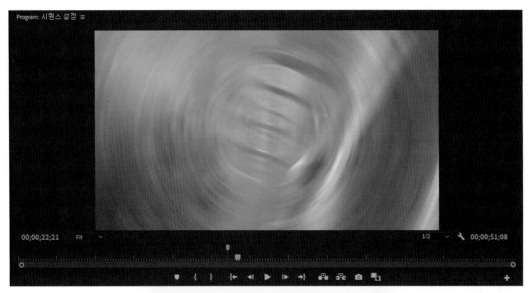

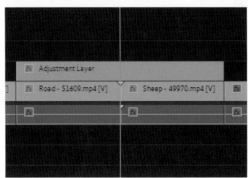

Tip   이펙트 적용이 되면 사진자료와 같이 바에 [fx]부분이 색이 칠해집니다.

무료 이펙트들은 변경 가능한 옵션이 적어 다채로운 효과를 사용하기 어렵습니다. 이럴 때는 유료로 이펙트를 구매하면 좀 더 멋진 영상을 만들 수 있는데요. 유료 이펙트를 구매하는 방법을 알아보겠습니다.

MotionElements
MotionElements라는 사이트는 애프터 이펙트, 프리미어 프로외에도 여러 비디오와 이미지, 효과음 등 여러 가지를 판매하는 사이트로 많은 분들이 유료 플로그인을 결제해서 사용을 하는 홈페이지입니다.

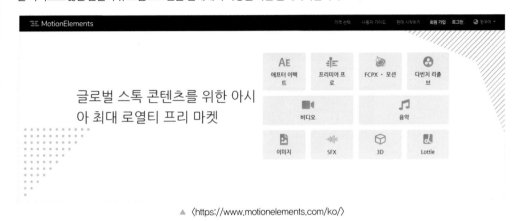

▲ 〈https://www.motionelements.com/ko/〉

주로 저는 애프터 이펙트와 프리미어로 작업합니다. 두 가지 프로그램에서 사용 가능한 유료 이펙트 구입 방법을 알아보겠습니다.

❶ 가장 먼저 프리미어 프로를 클릭하여 유료 사이트로 넘어옵니다. 그리고 아래의 [트렌지션과 지우기] 메뉴를 선택합니다.

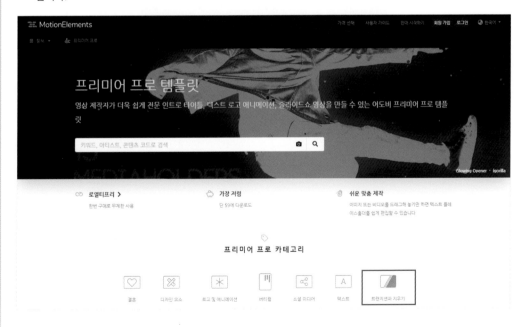

❷ 여러 가지의 트렌지션에 관련된 효과들이 큰 창으로 보이게 됩니다. 그곳에서 하나씩 효과들을 살펴보고 자신이 원하는 효과를 클릭합니다.

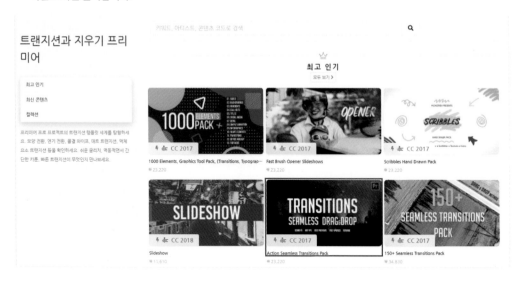

❸ 중앙의 영상을 [재생]버튼을 눌러 자신이 원하는 효과인지 확인을 하신 후 아래의 장바구니에 추가를 눌러 결제를 하시고 다운로드를 받으시면 됩니다.

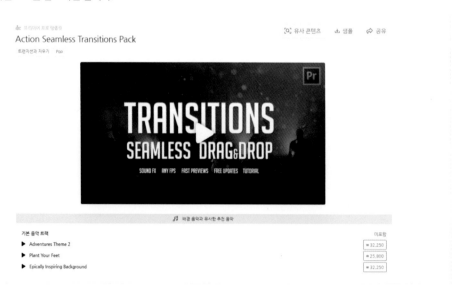

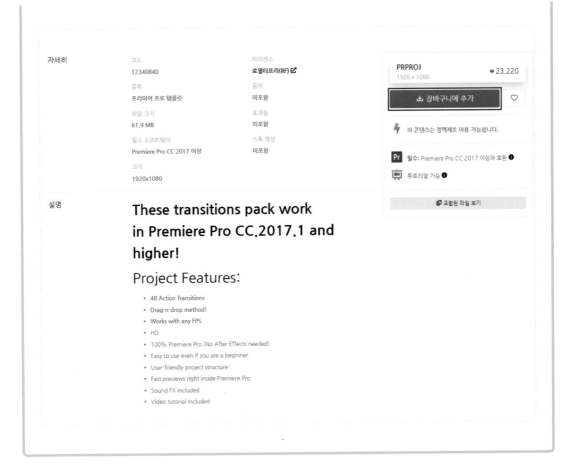

자세히

코드
12340840

종류
프리미어 프로 템플릿

파일 크기
61.9 MB

필수 소프트웨어
Premiere Pro CC 2017 이상

크기
1920x1080

라이선스
로열티프리(RF)

음악
미포함

효과음
미포함

스톡 영상
미포함

PRPROJ
1920 x 1080   ₩ 23,220

⬇ 장바구니에 추가   ♡

⚡ 이 콘텐츠는 정액제로 이용 가능합니다.

Pr 필수: Premiere Pro CC 2017 이상과 호환 ❶

🎥 튜토리얼 가능 ❶

📁 포함된 파일 보기

설명

These transitions pack work in Premiere Pro CC.2017.1 and higher!

Project Features:

- 48 Action Transitions
- Drag-n-drop method!
- Works with any FPS
- HD
- 100% Premiere Pro (No After Effects needed)
- Easy to use even if you are a beginner
- User-friendly project structure
- Fast previews right inside Premiere Pro
- Sound FX included
- Video tutorial included

영상 콘텐츠에 자막 만들기

영상 콘텐츠를 제작하는데 있어서 자막은 꽃이라고 표현해야 할 정도로 중요한 역할을 합니다. 자막이 있고 없고의 차이에 의해서 영상 콘텐츠가 재미가 있다 없다가 결정되기도 하기 때문입니다.

프리미어 프로에서는 그러한 자막을 만드는 방법이 크게 두 가지가 있습니다. 첫 번째 방법은 타이프 (Type) 도구를 이용하여 자막을 만드는 방법이고 두 번째 방법은 레거시 타이틀(Lagacy Title)을 사용하여 만드는 방법입니다. 두 가지의 방법 모두 각자의 장단점이 있으며 이를 사용하는 방법에 대해서 알아보도록 하겠습니다.

▶ 타이프(Type) 도구를 이용한 기본 자막 만들기

우선 기본적인 타이프(Type) 도구를 이용하여 자막을 만들어보도록 하겠습니다.

❶ 가장 먼저 화면 상단에 위치하고 있는 [Workspaces] 패널에서 작업영역을 [Graphics]로 교체를 해줍니다. [Graphics] 패널은 자막에 관련된 작업을 할 때 매우 도움이 되는 패널입니다.

❷ [Tool]박스가 상단으로 옮겨진 것을 확인하시고 오른쪽을 보시면 [Essential Graphics] 패널이 새로 생성이 되었을 것입니다. 이 패널은 한글로는 [기초 그래픽] 패널입니다.

[Tool] 패널에서 [Type]툴을 선택한 후 타임라인 아닌 [Program] 패널에 선택하여 자막을 만들 준비를 합니다.

▶ 여기서 잠깐

▲ 클릭을 한 번만 실행한 상태

▲ 클릭을 드래그로 한 상태

[Type]툴을 이용하여 [Program] 패널에 클릭을 하여 자막을 만들 경우 한 번만 클릭하는 것과 클릭 - 드래그를 통해 자막창을 크게 만드는 방법 두 가지가 있습니다. 여기에서 저자가 추천하는 방식은 첫 번째 한번만 클릭해서 만드는 방식으로 이 방식으로 진행을 하셔야 자막을 제작하실 때 자유롭게 자막을 제작이 가능합니다.

두 번째 방식으로 하실 경우에는 미리 자막의 크기를 지정하고 제작하는 것이라 자유롭게 자막 수정 및 작업을 하지 못하게 됩니다.

❸ 자막을 '안녕하세요'라고 예제로 적게 되면 타임라인에서 Ⓐ번의 위치와 [Essential Graphics]의 [Edit] 부분 Ⓑ번 위치에서 자막이 생성되는 것이 확인할 수 있을 것입니다.

❹ 자막이 완성이 되면 자막의 위치, 크기, 폰트, 색 등 여러 가지를 변형을 하여야 하는데 이러한 변형을 하기 위해서는 2가지 방법을 통해 수정을 할 수 있습니다.

❺ 첫 번째는 왼쪽 상단에 있
는 [Effect Controls] 패널
을 클릭하시면 [Text]메뉴
에서 자막의 설정 창을 확
인할 수 있습니다. 이곳에
서 폰트, 크기, 색 등을 설
정할 수 있습니다.

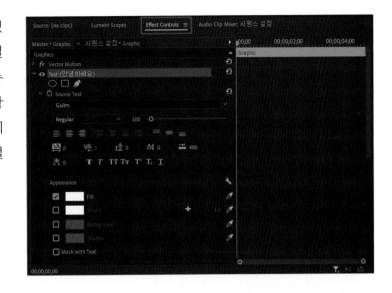

❻ 두 번째는 오른쪽에 있는 [Essential Graphics]의
[Edit]에서 '안녕하세요'라는 자막을 클릭하면 다음
과 같은 메뉴가 보이게 됩니다. 이곳에서는 정렬,
회전, 크기, 투명도, 폰트, 색 등 많은 작업을 할 수
가 있습니다.

저자는 두 가지 방법 중에 자막을 수정 및 보완하
는 것은 두 번째 방법을 추천드리며 설명도 두 번
째 방법을 설명을 해드릴 예정입니다.

❼ 자막의 배치는 원하는 곳에 직접 드래그를 하여 옮기는 것도 가능하지만 정확하게 배치하기 위해서는 정렬기능인 [Align and Transform]을 활용하는 것도 좋습니다.

예를 들어 자막을 화면의 정중앙에 위치를 하고 싶을 경우에는 Ⓐ번과 Ⓑ번을 번갈아가며 클릭하게 되면 자막이 화면의 정중앙에 위치하는 것을 확인할 수 있을 것입니다.

❽ 자막의 폰트는 기본폰트인 [굴림] 폰트를 쓰는 것은 매우 좋은 방향이 아닙니다. 그렇기에 폰트의 교체는 필수라고 볼 수가 있는데요. 여기에서 폰트의 교체는 정렬기능 바로 아래에 위치를 하고 있습니다.

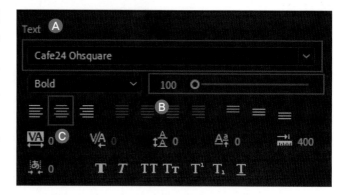

Ⓐ번에서 자막의 폰트를 교체할 수 있으며, Ⓑ번에서 자막의 크기를 변경할 수 있습니다. 여기에서 숫자 100은 100%를 뜻하는 것으로 150을 입력을 하시게 되면 150%, 즉 1.5배가 커지게 됩니다. 마지막으로 Ⓒ번은 오른쪽 정렬, 왼쪽 정렬, 가운데 정렬 기능으로 저자는 화면처럼 가운데 정렬하여 작업을 하는 것을 추천드립니다.

▶ 여기서 잠깐

정렬기능과 폰트의 수정 기능을 완료하게 되면 다음과 같은 화면이 완성이 되어 자막의 깔끔한 배치가 완료 됩니다.

❾ 자막의 색과 배경, 그림자 등의 추가적인 기능들은 가장 아래에 있는 [Appearance]메뉴에 있습니다.

먼저 Ⓐ번 [Fill]은 자막의 색을 바꾸는 기능으로 직접 마우스로 클릭하여 원하는 색으로 교체를 하면 됩니다.

Ⓑ번의 [Stroke] 기능은 외곽선이라는 기능으로 자막의 외부에 선을 추가해주는 기능입니다. 마우스로 체크를 눌러 활성화를 해준 후 Ⓒ번의 숫자를 통해 외곽선의 [굵기]를 수정할 수 있습니다. 이렇게 수정을 완료하시면 Ⓓ번처럼 완성이 됩니다.

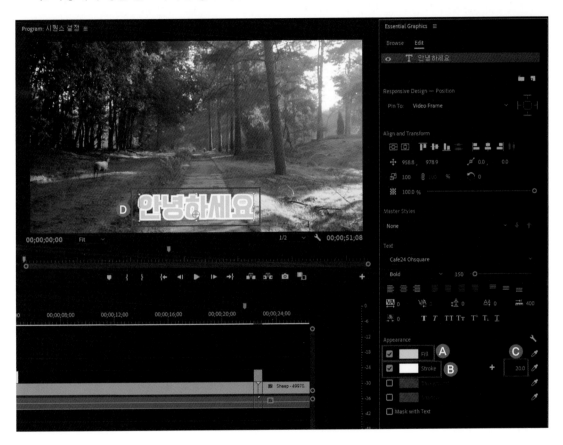

⓾ 자막의 색이 아닌 배경(자막바)를 만들어 주고 싶을 경우에는 [Background] 메뉴를 클릭하여 활성화를 시작합니다. 그 후 Ⓑ번 투명화기능을 통해 자막바의 투명도를 조절할 수 있으며, Ⓒ번 자막바의 크기 조절을 통하여 유튜브 플랫폼에서 사람들이 가장 많이 쓰는 자막바의 형태를 만들어 줄 수가 있습니다.

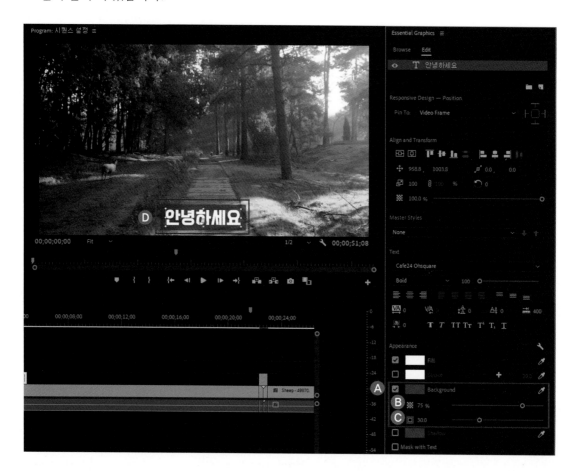

⓫ 자막의 그림자는 마지막 [Shadow]를 통해 작업을 할 수가 있으며, Ⓐ번을 클릭하여 활성화를 합니다.

Ⓑ번은 그림자의 투명도를 조절하는 기능입니다.

Ⓒ번은 그림자의 위치를 조절하는 기능으로 시계표시의 줄이 위치하는 부분이 그림자가 생기는 위치입니다.

Ⓓ번은 그림자의 거리이며 숫자가 커질수록 본 자막과 그림자의 거리가 멀어집니다.

Ⓔ번은 그림자의 굵기로 숫자가 올라갈수록 그림자가 굵어져서 커지는 현상이 생기게 됩니다.

Ⓕ번은 그림자의 흐림도로 숫자가 높을수록 그림자가 멀어지는 것처럼 흐려지며 숫자가 낮을수록 그림자가 선명해지는 효과를 가지고 있습니다.

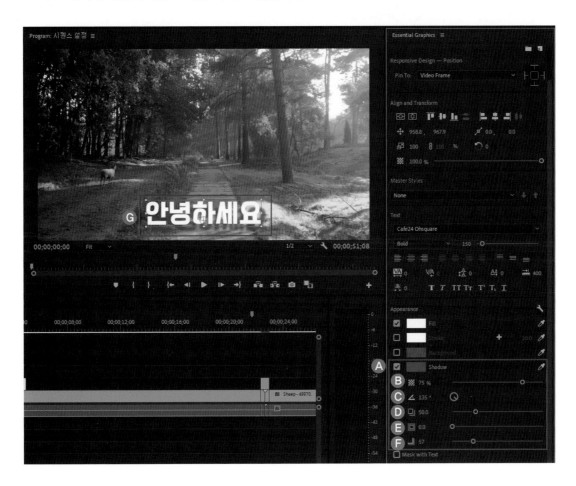

프리미어 프로에서는 자막을 만들 경우 한번만 잘 만들게 되면 다음 자막은 또 만들 필요가 없습니다. 즉, 처음 만드는 자막만 잘 제작을 하시면 다음 자막은 편하게 작업을 할 수가 있다는 뜻인데요. 과연 어떤 팁인지 알아보도록 하겠습니다.

❶ 자막은 제작을 하게 되면 자동으로 타임라인에 5초의 길이로 제작이 됩니다.

❷ 여기에서 자막의 뒷부분을 클릭하여 드래그를 하면 화면과 같이 자막의 길이를 늘릴 수가 있습니다.

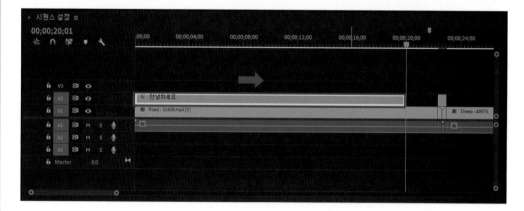

❸ 늘어난 자막을 컷 기능을 통해 원하시는 길이만큼 자막들을 잘라줍니다.

❹ 잘라낸 자막들을 하나씩 더블 클릭을 통해 직접 자막의 내용을 수정합니다.

*이렇게 하시면 자막들을 다시 만들 필요가 없이 한 번에 많은 자막들을 제작할 수가 있습니다.

두 번째 팁은 프리미어 프로에서는 자막을 수정을 하고 싶을 경우 하나씩 밖에 수정되지가 않습니다. 즉, 다른 프로그램들처럼 한 번에 자막을 선택하여 수정을 하는 것이 불가능하다는 뜻입니다.

▲ 하나의 자막을 선택   ▲ 여러 개의 자막을 선택

그렇기에 하나씩 수정해야 하는 불편함을 가지게 되는데요. 이러한 불편한 점을 한 번에 수정할 수 있게 하는 방법이 있습니다. 그럼 한 번 알아보겠습니다.

❶ 가장 먼저 수정하고자 하는 것들을 첫 번째 자막을 통해 수정을 실시합니다.

❷ 수정이 완료가 되면 폰트수정 메뉴 위에 있는 [Master Styles] 메뉴를 찾습니다. 여기에서 메뉴를 선택하면 [Create Master Text Style...]을 찾을 수가 있습니다. 이것을 클릭을 해주세요.

❸ [New Text Style] 창이 뜨면 여기에 자막의 이름을 쓰고 [OK]를 눌러줍니다.

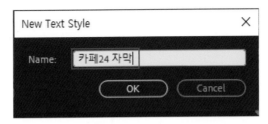

❹ [Project]창을 보시면 자막 스타일이 생긴 것을 확인할 수 있습니다. 이 자막을 타임라인에 있는 모든 자막을 드래그를 하여 선택한 후 자막 스타일을 드래그하여 넣어주시면 3번과 같이 모든 자막의 폰트 및 크기 수정한 부분들이 모두 바뀌는 것을 확인할 수 있습니다.

▶ 레거시 타이틀 자막 만들기

도구 패널의 타이프 도구를 이용한 자막 삽입 외에도 레거시 타이틀을 활용하면 좀 더 감각적인 자막을 제작하고 영상에 넣을 수가 있습니다. 이번에는 레거시 타이틀을 제작하여 TV예능이나 유튜브에서 자주 사용하는 예능 자막들을 만들어 보고 활용하는 방법을 알아보겠습니다.

❶ 레거시 타이틀은 [File] - [New] - [Legacy Title...]을 클릭을 하여 생성을 합니다. 생성을 하시면 [New Title] 메뉴가 나오게 되며 여기에서 [Video Setting]을 확인하신 후 이름을 입력하시고 [OK]를 누르시면 준비가 끝납니다.

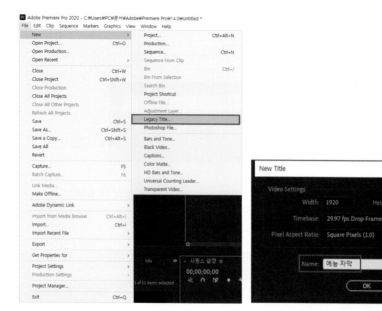

❷ 레거시 타이틀창이 뜨게 되면 독립된 창이 뜨게 되며 여기에서 자막작업을 다 끝낸 다음 타임라인에 적용하게 됩니다. 먼저 [Type]툴을 선택을 하고 화면에 클릭을 하여 자막을 적습니다.

❸ 자막을 다 적으시면 오른쪽 메뉴를 이용하여 자막 작업을 하셔야 합니다. 먼저 [Properties] 메뉴를 열면 폰트와 크기 등을 변경할 수 있으며 여기에서 폰트와 횡간, 자간을 수정합니다. 저자는 폰트의 크기를 '90'으로 낮추고 자간을 '-5'로 설정하였습니다.

❹ 자막의 수정이 끝이 나면 색을 교체하여야 하는데 색은 기본 자막 수정과 똑같이 [Fill]을 이용하여 수정을 하시면 됩니다

❺ [Stroke] 기능은 기본 그래픽과는 다르게 2가지로 분류가 되는데, [Inner Strokes] 기능은 외곽선이 아닌 내부선 글자의 안쪽으로 선이 생성이 됩니다. 그렇기에 저희는 외곽선인 [Outer Strokes] 기능을 써서 적용을 하도록 하겠습니다.

❻ 추가 자막을 넣고 싶을 경우에는 완성된 자막을 클릭하여 Alt + 드래그를 통하여 자막을 추가하고 더블 클릭을 하여 내용을 수정할 수 있습니다.

❼ 자막의 생성은 오른쪽 상단의 ⊠버튼을 눌러 끄시면 자동으로 프로젝트 패널에 자막이 생성이 되어 있습니다.

생성된 자막은 타임라인으로 드래그하여 이동시키면 화면에 자막이 나타나게 됩니다.

배경음악과 효과음을 통한 영상 콘텐츠의 퀄리티 상승

영상 콘텐츠에 있어서 배경음악과 효과음은 매우 중요한 역할을 합니다. 배경음악이 없는 콘텐츠는 지루한 영상이 될 수가 있으며, 효과음이 없는 콘텐츠는 시청자들의 집중도를 올리는 구간을 확실하게 강조할 수가 없습니다. 그렇기에 이러한 사운드 효과는 매우 중요한 역할을 하게 됩니다. 그렇다면 이러한 역할을 하는 사운드들은 어떻게 넣어야 할까요?

지금부터 한번 알아보도록 하겠습니다.

> ▶ **여기서 잠깐**   효과음 파일을 받아보도록 하겠습니다.

구글드라이브를 통하여 다운로드 가능한 효과음 파일은 저자가 저작권자에게 허락 및 무료로 배포가 허락 중인 효과음들을 모아 여러분에게 드리는 파일모음입니다.

구글 드라이브 주소
- **파일명** : 무료효과음모음
- **다운로드 주소** : https://bit.ly/3y94USY

▶ 배경음악(BGM)의 적용 및 활용법

배경음악은 보통 직접 제작하기보다는 인터넷을 이용하여 구하는 경우가 대부분입니다. 이러한 음원들은 사용을 어떻게 하는가에 따라 많은 부분이 달라지기도 하지만 음원을 그대로 사용하는 경우는 잘 없습니다.

자! 그렇다면 어떻게 사용을 할까요? 한번 알아보도록 하겠습니다.

① 배경음악(BGM)의 음량 조절하기

배경음악(BGM)을 타임라인에 적용하여 사용을 하다보면 처음부터 작게 잔잔히 들리다 시작하는 음악이 있는가 하면 처음부터 크게 시작하는 노래도 존재합니다. 이러한 노래들은 직접 음량을 조절하여 사용을 하여야 하는데, 사용하는 방법을 지금부터 알아보겠습니다.

❶ 먼저 배경음악이 어떤 방식으로 진행이 되는지 확인하신 다음, [Effect Control] 패널을 열어보시면 [Audio] 메뉴를 확인할 수 있을 것입니다. 여기에서 음량의 조절은 [Level]을 이용하여 조절을 하게 됩니다.

[0.0 dB]는 기본 상태이며 [+]가 되면 음량이 더욱 커지고 [-]가 되면 음량이 작아지게 됩니다. 그러나 여기에서 여러분들이 하나 아셔야 하는 것은 처음 조절을 하실 경우에는 화면에서 보시면 [Level]옆에 파란색으로 활성화된 시계표시가 있을 것입니다. 이것을 한 번 더 클릭하여 비활성화 시킨 다음에 움직이시는 것이 좋습니다.

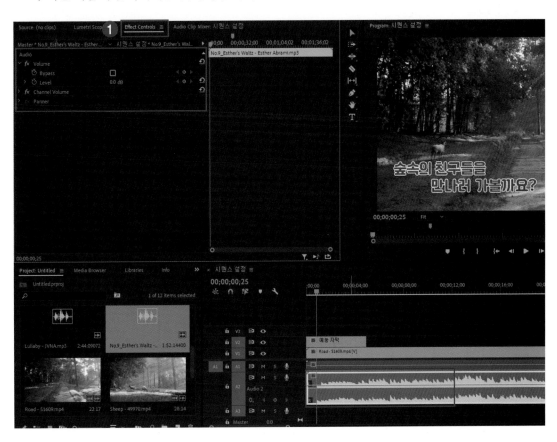

❷ 처음부터 크게 나오는 음악을 [작게 시작] - [기본으로 나옴] 형태로 애니메이션을 하고 싶을 경우에는 비활성화시켜야 한다고 했던 시계모양의 키를 이용하셔야 합니다.

❸ 이 키는 [키프레임]이라고 하며 이것을 이용하여 애니메이션을 넣어 자유로운 음량 조절이 가능합니다.

❹ 먼저 음량이 처음엔 작아야 하니 [-15 dB]로 적용하신다음 4초쯤으로 이동하신 후 [0 dB]로 숫자를 바꾸시면 화면과 같은 키 프레임이 생기는 것을 확인할 수 있을 것입니다.

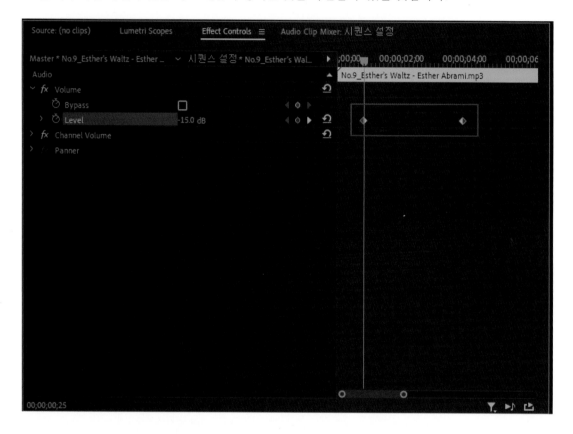

❺ 키 프레임이 적용이 되면 소리의 애니메이션이 적용됩니다.

② 현장음(촬영본)의 소음 제거하기

실제 촬영 현장에서 촬영을 하다 보면 바람 소리, 차 소리, 사람 소리 등 여러 소음이 같이 촬영이 되게 됩니다. 이러한 소리는 시청자들에게 영상을 보는 내내 인상을 찡그리게 만들어 주는 요소입니다. 이 러한 요소들을 없애는 방법을 지금부터 따라해 보도록 하겠습니다.

❶ 왼쪽 하단에서 [Effects] 패널을 클릭하여 오픈합니다.

❷ [Audio Effects] 폴더를 열어 [Noise Reduction/Restoration] 폴더를 찾아 열어 줍니다.

❸ [DeNoise] 이펙트를 찾아 확인을 한 후 다음으로 넘어갑니다.

❹ [DeNoise] 이펙트를 타임라인에 있는 촬영본에 드래그하여 넣어줍니다.

❺ [Effect Controls] 패널을 확인하시면 [DeNoise] 이펙트가 적용이 된 것을 확인할 수 있으며, 이 기능은 적용하는 것만으로 바로 소음을 제거하는 기능이 활성화가 됩니다.
그러나 직접 수동으로 기능의 효율을 적용할 수도 있습니다.

❻ [Denoise] 이펙트 설정창에서 [Edit]을 클릭하시면 화면과 같은 설정창이 열리게 되며, 이곳에 서 [40%]라고 되어 있는 부분이 바로 이펙트의 기능 효율 부분입니다. 처음 적용하였을 경우에 는 40%가 적용이 되어 있으나 직접 영상을 실행하여 들으면서 퍼센트를 조절하시면 더욱 좋은 작업을 할 수 있을 것입니다.

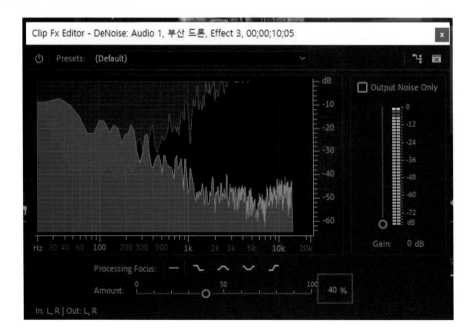

▶ 효과음의 사용법

자료로 제공하는 고급 효과음을 이용하여 자막이 등장할 때 사람들이 가장 많이 사용하는 효과음을
써보도록 하겠습니다

❶ 효과음을 프로젝트에 적용한 후 ❷ 자막을 시간에 알맞게 배치를 합니다.

❸ 타임라인을 확대하여 자막과 효과음의 위치를 확인합니다. 그 후 효과음을 자막이 나타나는 위치에 맞추어 배치를 합니다.

▶ 여기서 잠깐

저자가 제공하는 효과음 폴더를 자세히 확인하시면 [★]모양으로 되어 있는 폴더가 있을 것입니다. 이 폴더는 자주 사용하는 효과음들이라는 표식이니 많은 활용하시길 바랍니다.

SF SOUND	2022-01-01 오후 8:08	파일 폴더
공격 ★	2022-01-01 오후 8:08	파일 폴더
긴장	2022-01-01 오후 8:08	파일 폴더
노크	2022-01-01 오후 8:08	파일 폴더
뉴스	2022-01-01 오후 8:08	파일 폴더
동물	2022-01-01 오후 8:08	파일 폴더
동전	2022-01-01 오후 8:08	파일 폴더
두근두근	2022-01-01 오후 8:08	파일 폴더
두둥 ★	2022-01-01 오후 8:08	파일 폴더
띵동, 버튼 ★	2022-01-01 오후 8:08	파일 폴더
미사일	2022-01-01 오후 8:08	파일 폴더
발소리	2022-01-01 오후 8:08	파일 폴더
배고픔	2022-01-01 오후 8:08	파일 폴더
부서지는 소리	2022-01-01 오후 8:08	파일 폴더
부저	2022-01-01 오후 8:08	파일 폴더
비트	2022-01-01 오후 8:08	파일 폴더
슥삭슥삭	2022-01-01 오후 8:08	파일 폴더
시계	2022-01-01 오후 8:08	파일 폴더
요리	2022-01-01 오후 8:08	파일 폴더
우쉬, 바람소리 ★	2022-01-01 오후 8:08	파일 폴더
웃음소리, 환호성 ★	2022-01-01 오후 8:08	파일 폴더
자동차	2022-01-01 오후 8:08	파일 폴더
잘못된 상황	2022-01-01 오후 8:08	파일 폴더
종이	2022-01-01 오후 8:08	파일 폴더
카메라	2022-01-01 오후 8:08	파일 폴더

랜더링(영상 뽑기)으로 영상 파일화하기

'랜더링'은 영상을 뽑는다는 뜻으로 사용하는 단어입니다. 주로 영상업계에서 사용이 되고 있으며, 여러분들도 알고 계시면 좋습니다.

❶ 랜더링은 [File] - [Export] - [Media]의 순서를 통해 진행을 하게 됩니다. 한글버전에서는 [내보내기]라고 되어 있습니다.

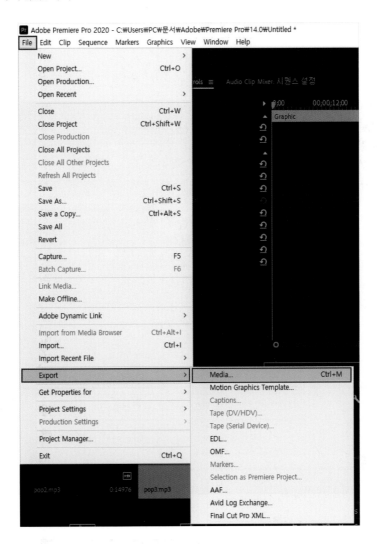

❷ 효과음을 프로젝트에 적용한 후 자막을 시간에 알맞게 배치를 합니다.

Ⓐ번 [Format]에서 [H.264]를 찾아 선택하시면 됩니다. 이것은 영상을 [mp4] 파일로 뽑겠다는 설정 창으로 프리미어 프로를 처음 설치하고 사용하실 경우에는 [AVI]로 되어 있을 확률이 높습니다.

Ⓑ번 [Preset]은 [Match Source – High bitrate]로 선택을 하여 가장 높은 해상도로 영상을 랜더링하면 됩니다. 영상을 중간 확인용으로 랜더링할 경우에는 [Match Source – Medium bitrate]으로 하시면 훨씬 빠르게 랜더링이 실행될 것입니다.

Ⓒ번 영상으로 랜더링할 때 나오는 영상 파일의 이름입니다. 영상이 랜더링되는 위치와 이름을 설정하는 것이니 클릭하여 수정을 하면 됩니다.

Ⓓ번 [Summary]는 위에서 설정한 것을 확인하는 창입니다.

Ⓔ번 마지막으로 [Export]를 클릭하여 영상을 랜더링하면 됩니다. 가끔식 [Queue]를 클릭해야 하는 것 아닌가 하는데 이 버튼은 어도비사의 '미디어 인코더'라는 프로그램이 설치가 되어 있어야 실행이 가능합니다.

❸ [Export]를 눌러 랜더링이 실행되면 보이는 화면으로 랜더링 중인 것을 표시합니다.

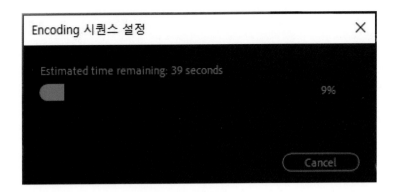

운영하기

채널을 개설하고 영상 콘텐츠 제작을 하였다면 이제 여러분들은 절반이상 준비가 끝났다고 볼 수가 있습니다. 이제는 여러분들이 채널을 운영하는 방법을 이해하셔야 할 시간입니다. 아무리 콘텐츠를 멋지게 기획하고 제 작을 하였다 하더라도 그것을 보는 시청자가 없다면 아무런 의미가 없는 작업이 되어 버리기 때문입니다. 그럼 이제부터는 채널을 어떻게 운영하면 되는지에 대해서 알아보고 직접 적용을 해보며 여러분들의 채널을 열심 히 키워보도록 하겠습니다. 자 준비되셨나요?.

06
CHAPTER

구독자를 끌어모으기 위한 채널 운영 노하우

실제 채널을 운영을 하며 쌓인 여러 가지 노하우를 설명을 하여 유튜브 크리에이터로써 활동을 할 때 중요한 점과 필요한 점, 그리고 꼭 이해하면 좋은 점들을 설명한다.

시청자의 기억에 남기 위한 요소 '네이밍'

여기에서 설명을 하고자 하는 네이밍이란 여러분들의 채널명을 뜻하는 것입니다. 유튜브는 영상 콘텐츠의 내용도 중요하지만 후발주자로써도 중요한 것은 바로 채널의 이름입니다.

채널의 이름, 즉 네이밍은 중요하다고 여러분들도 생각은 하지만 막상 채널의 이름을 적으려고 하면 '무엇을 적지?'라고 고민을 하게 됩니다. 미리 생각해 둔 것이 없다는 것이죠. 그렇기에 여기에 대해서 이번에는 이야기를 해보고자 합니다. 자! 그럼 따라와 볼까요?

네이밍이란?

ex) 상표나 회사 따위의 이름을 짓는 일.
브랜드의 중요성에 대한 인식이 확산되면서
브랜드 네이밍 산업도 점차 규모를 키워 가고 있다.

상표나 회사의 이름을 짓는 일이나 브랜드의 중요성에 대한 인식이 확산되면서 브랜드 네이밍 산업도 점차 규모를 키워가고 있습니다. 여기에 발 맞춰 유튜브의 채널도 브랜드화가 진행이 되면서 채널명이 회사의 브랜드처럼 유명해지거나 자신의 이름이 아닌 채널명을 자신의 이름처럼 사용하는 사람도 늘어나고 있습니다.

그렇기에 여러분들도 크리에이터로써 활동을 위해 네이밍을 미리 준비하시는 것을 추천드리고 있습니다. 그렇다면 크리에이터로써의 네이밍은 무엇이 있을까요?

바로 첫 번째, 채널의 이름이 있습니다. 채널의 이름은 유튜브 채널을 검색하기 위해서도 사용이 되며, 가장 먼저 시청자들에게 인식이 되는 자료로 사용이 됩니다.

두 번째, 출연자로써의 이름입니다. 영상 콘텐츠에 등장을 하지 않는 분들도 있지만 출연을 통해 콘텐츠를 만들어 가는 분들도 많아지고 있습니다. 그렇기에 채널명과 출연자로써의 이름을 다르게 지어 활동을 하는 분들도 있습니다. 예를 들어 '안녕하세요. 요리하는 다이어터 채널의 요다입니다.' 등으로 말이죠.

세 번째는 영상 콘텐츠의 제목입니다. 이 부분은 나중에 따로 설명을 하겠습니다.

채널명은 그럼 어떻게 만들어야 할까요?

> 주제와 관련이 있게 만드는것이 중요

> 케릭터와 관련이 있는 이름으로 만들기

앞에서 설명한 네이밍들을 그렇다면 어떻게 만들어야 할까요? 이 부분에 대해서는 두 가지 방법을 알려드리고자 합니다.

첫 번째, 주제와 관련이 있게 만드는 것이 중요하다.
두 번째, 캐릭터와 관련이 있는 이름으로 만드는 것이 중요하다.

입니다. 여기에 대해서 자세하게 들어가 볼까요?

① 첫 번째, 주제와 관련이 있게 만드는 것이 중요하다.

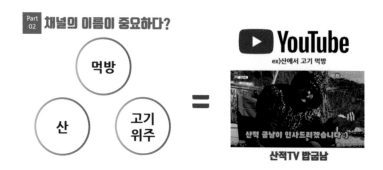

'주제와 관련이 있게 만드는 것이 중요하다'에서는 여러분들이 어떻게 채널의 이름을 만드느냐에 대한 설명입니다. 채널의 이름을 정하기 위하여 다들 고민을 하다보면 50%이상은 자신의 이름, 자신이 자주 사용하는 닉네임 등으로 제작을 하게 됩니다. 즉, 채널과는 전혀 상관없는 채널의 이름을 만드는 경우가 대부분이라는 뜻입니다.

이러한 채널의 이름은 검색이 되지 않을뿐더러 유튜브 플랫폼에서 연예인이 아닌 이상 이름으로 검색하는 일은 거의 없기에 채널의 구독자와 조회 수를 올리는데 있어서는 많은 문제점을 가지게 됩니다.

그렇기에 채널의 이름을 만드실 때에는 주제와 관련이 있게 만드시는 것이 매우 좋습니다.

예를 들어 자료사진과 같이 키워드가 '먹방'. '산', '고기위주'가 된다면 이 키워드를 합쳐 '산적tv밥굽남'이 완성이 되는 것을 확인할 수 있을 것입니다. 여기에서 '산적tv'가 키워드를 합쳐서 나온 것이라면 밥굽남은 채널명에 자신의 캐릭터의 이름을 같이 추가한 것이라고 보시면 됩니다.

② 캐릭터와 관련이 있는 이름으로 만드는 것이 중요하다.

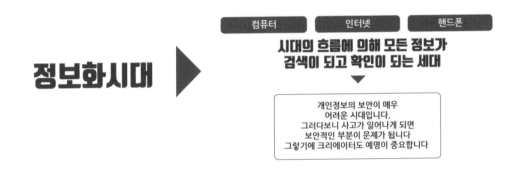

채널의 주제에 알맞은 이름을 정하는 것도 중요하지만 이 부분이 생각이 나지 않는다면 캐릭터와 연관을 하는 것도 또 하나의 방법입니다.그러나 [실명]을 채널명이나 캐릭터명으로 쓰는 경우는 매우 조심해야 합니다. 정말로 특이한 이름이 아닌 이상 실명의 공개는 정말 위험합니다.

특히, 정보화 시대가 진행됨에 따라 일반인들이 정보를 검색하여 신원 파악이 가능하다 라는 점이 있어 많은 사건사고가 생기게 됩니다.

유튜브 초창기에는 대중화 자체가 되어 있지 않기에 문제가 많이 생기지 않아 초점이 잡히지 않았지만 지금은 지나가는 사람을 한명 잡아 물어보아도 유튜브를 다 알고 있기 때문에 매우 중요한 부분입니다.

그렇다면 어떻게 채널명을 지어야 한다는 것일까요?

바로 연예인들과 같이 '예명'이나 '닉네임', '사물의 이름'등을 활용하여 채널명을 만드는 것을 추천드립니다.

예명은 어떻게 만드는 것이 좋을까요?

Part 01

내가 잡은 캐릭터와 비슷한 느낌의 네이밍이 좋다

Part 02

사람들의 뇌 반응에서 활발히 반응하는 단어인 K, T, Y, N, Z 섞는것도 추천!

예명, 닉네임, 사물의 이름 등 이름 등을 만들 경우에는 두 가지 방법이 있습니다.

> 첫 번째, 내가 잡은 캐릭터와 비슷한 느낌의 네이밍이 좋다.
> 두 번째, 사람들의 뇌 반응에서 활발히 반응하는 단어인 K, T, Y, N, Z를 섞는 것도 추천합니다.

내가 잡은 캐릭터와 비슷한 느낌의 네이밍이 좋다

운동 ▶ 헬스 다이어트 스트레칭 피지컬 에어로빅 유산소 러닝 웨이트

첫 번째 방법인 '내가 잡은 캐릭터와 비슷한 느낌의 네이밍이 좋다.'에서는 가장 먼저 예제를 들어 설명을 해보겠습니다.

예를 들어 내가 만들고자 하는 캐릭터를 [운동]이라는 키워드를 이용하여 제작을 하게 되었습니다. 이럴 때 운동에서 분할된 키워드들을 모아봅니다. 저자는 여기에서 헬스, 다이어트, 스트레칭, 피지컬, 에이로빅, 유산소, 러닝, 웨이트 등을 모아보았습니다.

내가 잡은 케릭터와 비슷한 느낌의 네이밍이 좋다

키워드를 다 모으셨으면 여기 있는 이 모든 키워드들을 모아둔 단어들을 생각해 봅니다. 그러면 모음, 모둠, 전시, 갤러리, 집합 등의 단어들이 생각이 나게 됩니다. 그렇다면 이러한 단어들을 키워드와 합쳐봅니다. 그러다보면 어울리는 단어를 찾을 수가 있을 것이고 그 중에 유명한 유튜브 채널이 하나가 나오게 됩니다.

내가 잡은 케릭터와 비슷한 느낌의 네이밍이 좋다

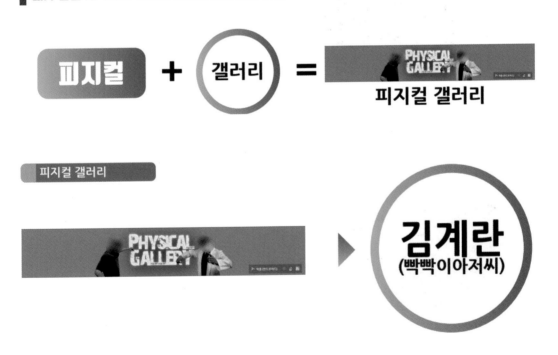

바로 [피지컬]이라는 키워드와 모음 중 [갤러리]라는 단어를 합친 피지컬 갤러리입니다.

▌ 사람들의 뇌 반응에서 활발히 반응하는 단어인 K, T, Y, N, Z 섞는것도 추천!

두 번째 방법인 '사람들의 뇌 반응에서 활발히 반응하는 단어인 K, T, Y, N, Z를 섞는 것도 추천합니다.' 에서는 예제를 사람들이 즐기는 음료인 커피를 주제로 하여 설명을 해보겠습니다.

T.O.P
한번쯤은 다들 들어보거나
먹어본 커피죠?

여러분들도 편의점을 이용한다면 사진자료에 보이는 커피를 다들 보셨을 것입니다. 혹시 이 커피가 왜 T.O.P라는 이름을 가지고 있는지 아시나요?

최초로 발견된 곳

커피콩

에티오피아

커피콩이 최초로 발견된 나라는 에티오피아라는 나라입니다. 아마 들어본 분도 있을 것이고 못 들어 본 분들도 있을 것입니다. 이 나라에서 발견된 커피콩을 가지고 바로 커피의 이름이 정해졌습니다. 바로 '에티오피아'라는 나라의 이름에서 양쪽의 글자를 한 개씩 빼면 어떻게 될까요?

바로 [티오피]가 됩니다. 네! 바로 이것이 T.O.P 커피의 이름이 생긴 이유입니다.

법적으로 특정 단어는 사용이 금지가 되어 있습니다(유튜브는 아니죠?)

점을 추가하여 티.오.피 라고 읽게 만들었습니다

그러나 [TOP]는 최고라는 뜻으로 법적으로 특정한 단어는 사용이 금지가 되어있습니다. 그러나 여러분 이것은 알고 계신가요? 유튜브의 이름으로는 전혀 문제가 없습니다. 그러나 상품으로는 문제가 생기게 되므로 여기에 점을 추가하여 [T.O.P]가 완성이 되었습니다.

이렇게 단어를 활용한 닉네임은 의외로 사람들 기억 속에 많이 남습니다. 아마 여러분들도 저자가 언급한 단어로 된 상품이나 브랜드를 생각해보세요. 은근히 많을 것입니다.

시청자를 끌어 모으는 키워드와 제목 만들기

유튜브의 채널을 만들고 영상 콘텐츠까지 제작을 완료하신 후 실제로 업로드를 하려고 하다보면 그다음으로 생각을 하는 것이 영상 콘텐츠의 제목입니다.

영상콘텐츠의 제목?

사람들이 가장 실수를 많이 하고
알지만 나도 모르게 중요도를 낮추게 되는
부분입니다.

그러나 의외로 제목부분에서 다들 막혀 단순하고 생각나는 대로 제목을 적으시는 경우가 정말로 많습니다. 특히 마케팅이나 홍보, 미대쪽 출신이라면 이러한 경우가 덜하지만 일반적인 경우에는 영상 콘텐츠까지는 잘 만들었지만 제목이 별로라 조회수와 구독자가 오지 않게 되는 경우가 많이 생기게 됩니다.

그렇다면 제목은 어떻게 만들어야 할까요?

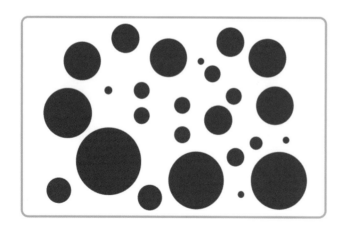

어디가 가장 잘 보이시나요?

여러분들은 이 사진에서 어떤 부분이 가장 잘 보이시나요?

저자는 사진자료에서 [주황색의 원]이 가장 잘 보입니다. 아무리 주변에 파란색의 큰원이 있더라도 주황색의 원이 가장 잘 보입니다. 이렇듯 사람들은 평범한 속에서 약간의 다른 것을 발견하게 된다면 그것을 먼저 클릭을 하거나 먼저 확인을 하게 됩니다. 이것을 호기심이라고도 하고 의외성이라고도 하며 궁금증이라고도 합니다.

그렇다면 제목을 만들 때 이러한 것들을 적용을 하면 된다는 것일까요?

제목에 '의외성'을 넣어주시면 됩니다.

즉, 사람들이 말하지 않았거나 특이한, 특출난 것들을 말하는 것을 말합니다.

바로 제목에 의외성, 궁금증, 호기심등을 자극하는 것들을 넣어주면 됩니다.

의외성을 넣으려면? 어떻게?
▼
문장 중 하나의 단어에 의외성을 추가하면 됩니다.

그렇다면 이러한 것들을 넣으려면 어떻게 해야 할까요? 바로 여러분들이 주제에 맞는 제목을 적으려고 하실 때 그 문장 안에 [의외성]을 하나 추가하시면 됩니다.

그러나 그냥 추가를 하려고 하면 어떻게 해야 할지 고민을 하게 됩니다. 그렇기에 예제를 같이 한번 작성해보도록 하겠습니다.

사진자료에는 3가지의 제목이 있습니다.

첫 번째, 35살이 월 300만원을 버는 방법을 이야기 한다.
두 번째, 대학생들이 이성친구를 사귀는 방법!
세 번째, 부산에 여행가면 꼭 들여야 할 곳 BEST10

이 세 가지의 제목을 보시고 여러분들이 시청자라면 과연 제목을 클릭을 할까요?

저자는 전혀 관심이 생기지가 않습니다.

자! 그렇다면 이 세 가지의 제목에 의외성, 궁금증, 호기심 등의 역할을 할 단어를 넣어볼 예정인데요. 어떻게 넣어야 할까요?

첫 번째 제목인 [35살이 월 300만원을 버는 방법을 이야기 한다.]의 단어를 교체를 해보도록 하겠습니다. 이 제목에서 35살이 300만원을 번다는 것은 전혀 사람들에게 관심이 가지 않습니다. 그래서 저는 제목의 한 부분을 수정해보았습니다.

바로 [35살] → [22살]로 [월 300만원] -> [월 1000만원]으로 이렇게 바꾸어서 [22살이 월 1000만원을 버는 방법을 이야기 한다.]라고 하면 어떨까요? 물론, 어그로성이 충분한 제목입니다. 그러나 사람들은 이러한 제목을 확인을 하고 '왠지 이럴거 같은데?' 생각을 하면서도 한번 확인은 해보자 싶어 클릭을 하게 됩니다. 유튜브는 일단 한번 클릭을 해서 들어오게 되면 조회수1이 등록이 됩니다. 즉, 단 1%라도 관심을 가지게 되는 제목과 0%의 관심을 가지게 만드는 제목은 조금의 단어의 차이에서 만들어지게 됩니다. 이러한 부분을 잘 아시면 좋겠습니다.

두 번째 제목은 [대학생들이 이성친구를 사귀는 방법!]입니다. 이 제목에서는 앞선 1차 제목과는 다르게 조금의 관심은 받을 수가 있습니다. 주로 이제 막 대학생이 되시는 분들이나 흔히 밈처럼 들리는 '대학가면 이성 친구 생겨'라는 말을 듣고 자라신분들이라면 말입니다.

그러나 이러한 제목은 관심도가 그렇게 높지는 않습니다. 그렇기에 여기서 더욱 높은 관심도를 얻기 위해서 단어를 교체를 해보겠습니다.

바로 [대학생들] -> [모태쏠로]로 바꾸는 것입니다. 모태쏠로라는 단어는 요즘에는 매우 많이 들릴 정도로 사람들이 쓰는 단어 중 하나입니다. 그리고 의외로 유튜브와 구글에서 검색이 자주 되는 단어입니다.

이러한 단어를 넣어 교체를 하니 어떠신가요?

[모태쏠로가 이성친구를 사귀는 방법!] 특히 여기 제목에서는 간절한 분들이 더욱 많이 클릭을 하게 만드는 효과도 포함이 됩니다. 조회수와 충성도 높은 구독자를 올릴 기회가 생길수도 있다는 뜻입니다.

세 번째 제목인 [부산에 여행가면 꼭 들려야 할 곳 BEST10]은 여행 크리에이터들이 흔하게 쓰는 제목입니다. 이러한 제목은 한때는 사람들에게 관심을 받는 형태의 제목이었으나 유튜브가 대중화된 지금은 전혀 끌리지 않는 제목입니다.

그렇기에 이러한 제목에서는 단어를 교체하는 것이 아닌 문장을 바꿔버려 [부산에 여행가면 인생샷을 찍을 수 있는 장소 BEST10]이라는 형태로 정확한 타겟을 설정하여 [인스타그램], [틱톡], [페이스북] 등 SNS을 활발히 하는 10~30대를 타겟으로 하여 조회 수와 구독자를 올릴 수 있는 제목으로 교체를 하는 것입니다.

이해가 되셨나요?

이렇게 3가지 제목을 통해 의외성을 넣는 방법에 대해서 이야기를 진행해 보았습니다. 그래도 아직도 이해가 잘 안된다면 조금만 더 추가로 설명을 해보도록 하겠습니다.

바로 여러분들이 학교생활을 하면서 배운 주어+동사+목적어를 생각하시는 겁니다.

주어 + 동사 + 목적어

물론, 이 3가지를 지켜 제목을 지으라는 것이 아닙니다. 그러나 일단 1차로 이 3가지를 이용하여 제목을 지어보세요.

그렇게 제목을 지으시면 사진자료와 같이 [남자가 운동장을 달린다]라는 제목을 만들 수가 있을 것입니다. 여기에서 여러분들이 확인을 해야 하는 것은 바로 목적어에서 의외성을 추가를 하는 것입니다.

단순히 [운동장]을 달리는 것이 아닌 [어떻게] 운동장을 달릴 것인지를 추가를 하는 것입니다.

[남자가 100M를 5초안에 달린다]라는 제목은 보시면 시청자 입장에서 [어떻게?]라는 생각을 하게 됩니다. 즉, 제목에서는 결론을 내지 않고 시청자가 궁금하게 만들어 클릭을 유도할 수가 있다는 것입니다.

물론, 영상 콘텐츠 안에서는 100m를 5초안에 가는 것을 자전거를 탈수도 있고, 자동차도 가능합니다. 그러나 제목에서는 이걸 밝히지 않고 시작을 하는 거죠. 자! 이제 다들 이해가 되시나요?

여러분들도 제목을 한번 만들어보세요.

채널의 대문인 썸네일을 만드는 노하우

채널의 영상 콘텐츠와 제목을 다 만드시고 나면 업로드할 때 같이 업로드 하는 썸네일이 있습니다. 이 썸네일은 앞서 설명드린 부분에서 주로 포토샵을 통해서 제작을 하지만 모두가 프로그램을 잘 쓸 수는 없습니다.

또한, 기본적인 디자인 작업이 필요한 만큼 더욱더 힘든 작업이 됩니다. 그렇기에 이러한 썸네일을 디자인까지 되어 있는 작업을 쉽게 하는 방법에 대해서 알아보도록 하겠습니다.

첫 번째는 [망고보드]라는 웹사이트를 활용하여 썸네일을 제작하는 것입니다.

두 번째는 [미리캔버스]라는 웹사이트를 활용하여 썸네일을 제작해 보겠습니다.

▲ 망고보드와 미리캔버스를 이용하면 쉽게 디자인을 할 수 있다.

▶ 망고보드를 이용한 썸네일 제작하기

배경음악은 보통 직접 제작하기보다는 인터넷을 이용하여 구하는 경우가 대부분입니다. 이러한 음원들은 사용을 어떻게 하는가에 따라 많은 부분이 달라지기도 하지만 음원을 그대로 사용하는 경우는 잘 없습니다.

01 망고보드 홈페이지(https://www.mango board.net/)에 접속을 하신 후 로그인 버튼을 클릭하시면 로그인하기 위한 창이 뜹니다. 여기에서 처음 접속이실 경우에는 SNS를 통해 간단하게 가입이 가능합니다.

02 로그인을 하신 후 홈페이지의 상단에 있는 템플릿 메뉴를 클릭합니다.

03 템플릿 메뉴에서 ❶번을 클릭을 하여 ❷번의 유튜브의 썸네일 디자인을 확인합니다. 그 후 내가 제작을 한 영상 콘텐츠와 비슷한 주제로 만들어진 썸네일을 선택합니다. 여기에서 저자는 예제로 '새는 정말로 지능이 낮을까?'를 선택하였습니다.

04 템플릿을 클릭하시면 이 템플릿을 편집할 것인지에 대한 설정창이 뜨며 [이 템플릿 편집하기]를 클릭하여 편집을 시작합니다.

05 편집창을 실행하시면 사진자료와 같이 확인이 가능하며 여기에서 여러 가지 수정을 실시합니다. 실시하기에 앞서 기능들을 설명하겠습니다.

06 웹사이트의 기능들을 이용하여 작업이 끝난 경우 ❷번에서 썸네일의 이름을 지정한 후 ❶번에서 저장을 실행하고 ❹번 다운로드를 클릭하여 다운로드 준비를 합니다.

망고보드의 편집창 기능들을 알아보겠습니다.

❶ 템플릿 창은 선택한 템플릿이 마음에 들지 않을 경우 다른 템플릿을 검색하여 선택을 도와주는 창입니다.

❷ 소그래픽창은 각종 그래픽으로 제작이 된 이미지 파일을 보관하고 있는 창입니다.

❸ 데이터 창은 그래프 이미지나 여러 가지 이미지들을 모아놓은 창으로 사용이 됩니다.

❹ 배경 창은 편집에 들어가는 여러 가지 무료 및 유료 배경을 담아놓은 창입니다.

❺ 데이터 창은 그래프 이미지나 여러 가지 이미지들을 모아놓은 창으로 사용이 됩니다.

❻ 업로드 창은 직접 제작한 소스를 웹사이트에 저장하여 편집 창에 적용하는 것을 도와주는 창입니다.

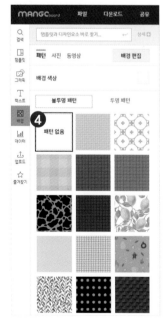
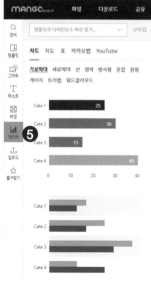

❼ 즐겨찾기 창은 자주 쓰는 기능들을 저장하여 사용하는 창입니다.

07 다운로드 창을 클릭하면 무료회원과 유료회원에 관련된 사항이 뜨게 되고 ❶[확인]을 클릭하신 후 ❷번의 [PNG]파일을 클릭합니다.

08 [PNG]을 클릭하시면 다운로드 준비가 완료가 되며 아래의 다운로드를 클릭하여 완성된 썸네일을 [내컴퓨터]에 저장합니다.

▶ 미리캔버스를 이용한 썸네일 제작하기

01 미리캔버스 웹사이트(https://www.miricanvas.com/)에 접속을 하신 후 로그인을 클릭하시면 망고보드처럼 쉽게 가입하여 로그인이 가능합니다.

02 미리캔버스 웹사이트는 로그인을 하시면 자동으로 [작업 공간]으로 넘어가게 되며 새로 가입을 하셨을 경우에는 빈 공간을 확인하시게 됩니다. 그렇기에 작업하기 위해 오른쪽 메뉴의 [템플릿]을 선택합니다.

03 템플릿을 선택하여 창이 변경이 되면 ❶번을 클릭하여 유튜브의 메뉴를 찾습니다. 그리고 메뉴를 찾으시게 되면 ❷번을 클릭하여 유튜브의 썸네일 템플릿 메뉴로 넘어가게 됩니다.

04 유튜브의 썸네일을 클릭하시면 사진 자료와 같이 화면이 뜨게 되고 원하시는 썸네일 디자인을 선택합니다. 저자는 가장 첫 번째 자료를 이용하여 설명을 하겠습니다.

05 썸네일 프리셋을 선택하시면 사진자료와 같이 뜨게 되며, 여기에서 [이 템플릿 사용하기]를 클릭하여 편집창을 활성화합니다.

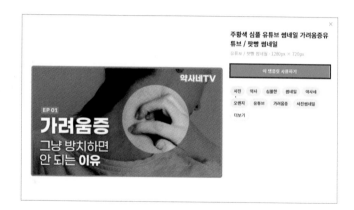

06 템플릿 창을 활성화하시게 되면 오른쪽의 메뉴를 이용하여 수정을 통해 자신의 영상 콘텐츠에 맞는 썸네일을 제작하시면 됩니다.

▶ **여기서 잠깐** 　**메뉴의 기능들을 알아봅시다.**

❶ 템플릿들의 메뉴를 다시 확인할 수 있으며 지금의 템플릿이 마음에 안들 경우 다른 템플릿으로 교체가 가능합니다.

❷ 작업 공간은 내가 작업을 진행하였던 [내 디자인], 그 동안 작업했던 파일들을 폴더로 정리한 [내 드라이브], 자주 쓰는 기능들을 선택해둔 [즐겨찾기] 등으로 분류됩니다.

❸ 업로드는 외부에서 작업한 소스와 이미지 등을 웹사이트에 등록하여 편집 창에서 작업하기 위한 메뉴입니다.

❹ 사진은 웹사이트에서 제공하는 무료 사진이며, 이 사진들을 통해 썸네일 제작에 도움을 줄 수 있습니다.

❺ 요소는 웹사이트에서 제공하는 여러 이미지 소스를 보관해둔 창입니다.

❻ 텍스트는 타이틀이나 서브타이틀을 제작하거나 편집 창에 있는 텍스트들을 수정할 때 사용하는 창입니다.

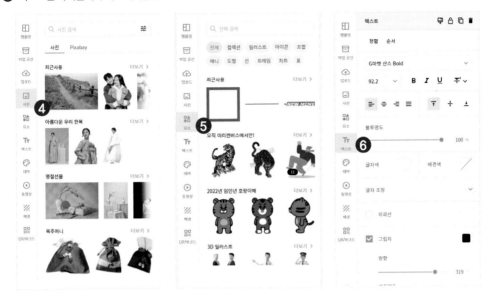

❼ 테마는 썸네일의 주요 테마색을 교체하여 자신의 영상 콘텐츠의 분위기와 비슷하게 만들 때 사용합니다.

❽ 동영상은 썸네일에 움직이는 영상을 추가하는 방식이나 잘 사용하지 않습니다.

❾ 배경은 썸네일의 주 배경을 변경하거나 수정할 때 사용하는 창입니다.

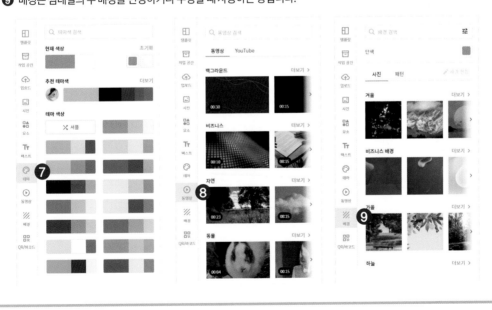

07 작업이 끝났을 때는 ❶번을 통해 썸네일 파일의 이름을 지정하고 ❷번을 통해 다운로드를 준비합니다.

08 다운로드 창을 클릭하게 되면 [JPG], [PNG], [PDF], [PPT] 등으로 제작이 가능하며 썸네일은 [PNG]로 선택하여 다운로드를 실행합니다.

여기에서 1번 빠른 다운로드는 기본 해상도에 적당한 용량을 가진 썸네일을 빠르게 다운로드하게 도와주며, 2번은 고해상도로 저장이 되기 때문에 용량이 크고 다운로드 속도가 느립니다.

유튜브 알고리즘을 통한 자신의 채널 분석법

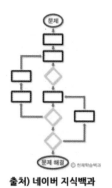

알고리즘(algorithm)은 주어진 문제를 논리적으로 해결하기 위해 필요한 절차, 방법, 명령어들을 모아놓은 것입니다. 넓게는 사람 손으로 해결하는 것, 컴퓨터로 해결하는 것, 수학적인 것, 비수학적인 것을 모두 포함한답니다.

출처) 네이버 지식백과

알고리즘이란 주어진 문제를 논리적으로 해결하기 위해 필요한 절차, 방법, 명령어들을 모아놓은 것입니다. 넓게는 사람 손으로 해결하는 것, 컴퓨터를 이용하여 해결하는 것, 수학적인 것, 비수학적인 것들 모두 포함하는 말입니다.

이러한 알고리즘은 깊게 파고들수록 굉장히 어렵습니다. 그러나 이번 장에서 여러분들에게 소개하고자 하는 것은 유튜브와 관련한 알고리즘이기 때문에 너무 어렵게 생각하지 않으셔도 됩니다.

알고리즘은 현대 마케터들 사이에서는 꽤나 친숙한 말입니다. 네이버, 다음, 네이트 등의 인터넷 플랫폼을 통하여 마케팅할 때 알고리즘을 알아야 효과적으로 마케팅을 진행할 수 있으니까요.

실제로 마케터들은 각종 플랫폼 마케팅에 게시물 상위 노출 알고리즘을 파악하여 활용하였습니다. 그리고 마케터들의 알고리즘 활용 노하우는 꽤나 많이 알려져 있습니다. 하지만 유튜브에는 동영상 상위 노출 알고리즘에 관한 내용이 많지 않습니다. 그 이유에 대해서 알아보겠습니다.

일단 유튜브 플랫폼에서는 알고리즘 명령어를 매우 많이 제작을 하였으며, 이것을 일반인들은 파악을 할 수 없을 정도로 빠르게 교체를 해가며 사용을 하고 있습니다. 그래서 많은 유튜브 영상 콘텐츠 알고리즘에 관련한 정보들은 대부분 비슷한 이야기를 하는 것을 확인할 수 있습니다.

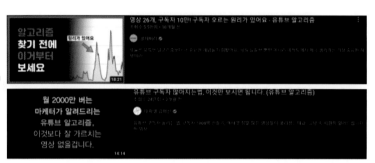

저자 또한 여러 가지 채널을 운영해 보면서 많은 알고리즘을 알아내기 위해 노력을 하였고, 그중 몇 가지를 여러분들에게 알려드리려고 합니다.

① 첫 번째는 첫 영상에 관련된 알고리즘입니다.

채널을 제작하고 영상 콘텐츠를 제작하신 후 영상을 업로드하실 때 예비 크리에이터들을 보시면 대부분은 채널의 소개영상을 제작하여 첫 영상으로 올리시는 분들이 많습니다. 그리고 그러한 영상들을 보면 첫 영상 치고는 높은 조회 수를 얻게 되시는 것을 확인할 수 있습니다.

실제로 사진자료는 제가 수업을 진행한 수강생분의 채널이며, 첫 영상과 두 번째 영상의 조회 수를 보시면 차이가 많이 나는 것을 확인할 수 있습니다.

이러한 현상은 제가 약 100개가 넘는 채널을 수업 및 제작을 통해 알아낸 것으로 채널의 첫 영상은 유튜브 플랫폼에 노출을 통해 조회 수가 높게 잡힌다는 것을 알 수가 있습니다.

이러한 현상을 모르고 시작을 하게 될 경우에는 자신의 영상이 생각보다 잘 만들어졌다는 것으로 착각하여 두 번째 영상을 시작하게 되는 경우가 많습니다. 그렇기에 여러분들도 이러한 현상을 미리 알고 첫 영상은 채널의 소개 영상이 아닌 제대로 제작을 한 영상을 업로드하여 첫 시작을 구독자 100~1000명으로 시작을 할 것인지 1000~10000명으로 시작을 할 건지를 확인할 수 있게 됩니다.

② 두 번째 알고리즘은 구독자에 관련된 부분입니다.

사진자료는 구독자 1000명을 채우게 될 시 메일로 받는 자료입니다. 이러한 자료를 보여주는 이유는 첫 번째 이유와 마찬가지입니다. 바로 구독자를 1000명을 채우고 업로드를 하게 되는 영상이 노출이 된다는 뜻입니다.

즉, 1000명의 구독자를 모았을 때는 그에 알맞은 콘텐츠를 제작하여 노출을 이용한 구독자 모으기에 힘을 쓰셔야 한다는 뜻입니다.

③ 세 번째는 시청 지속시간에 관련된 내용입니다.

유튜브는 영상 콘텐츠를 업로드하게 되면 유튜브 스튜디오를 통하여 자신의 영상 콘텐츠를 시청자들이 어떻게 시청을 하였는지에 대해서 알 수가 있습니다.

그중 시청 지속시간은 사람들이 그냥 스쳐 지나가는 형태로 많이 보시게 되는데 이 부분은 매우 중요한 부분입니다.

바로 유튜브에 노출이 되는 강도를 결정해주는 역할을 하기 때문입니다.

실제로 채널을 운영하다 보면 시청 지속 시간 관리를 관리를 잘한 영상 콘텐츠와 잘 하지 못한 영상 콘텐츠의 노출강도가 다르다는 것을 파악할 수가 있습니다.

즉, 구글은 기업인만큼 광고를 통해 수익을 원하고 있고 거기에 맞추어 채널에서는 영상 콘텐츠를 업로드를 하였을 때 처음부터 끝까지 다 시청을 하는 영상을 매우 좋아합니다.

광고는 영상 시작에 앞서 영상 끝까지 약 1개에서 3개까지 들어가게 되며 시청자가 영상 콘텐츠를 앞부분만 보고 나간다면 뒤에 있는 광고는 시청이 안 된다는 뜻입니다. 그렇기에 구글에서는 시청 시간을 통해 유튜브 채널의 노출강도를 설정하게 하는 알고리즘이 존재하고 있습니다.

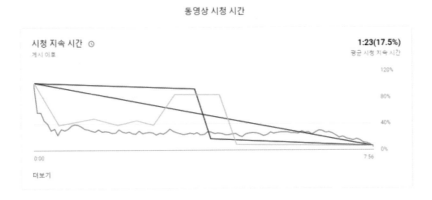

여러분들의 영상도 위 자료 [빨간색], [노랑색]처럼 나오면 절대로 안 됩니다. 저렇게 그래프가 나온다는 것은 원하는 정보만 듣고 나갔다거나 영상이 지루해 내가 원하는 정보가 나오는 부분만 클릭을 하여 보았다는 뜻이기 때문입니다. 가장 좋은 시청시간은 [파란색]으로 첫 영상을 시작하여 잘못 들어온 분들은 나가고 그 외에는 처음부터 끝까지 쭈욱 유지를 했을 정도로 영상 콘텐츠가 잘 만들어 졌다는 뜻이기 때문입니다.

즉, 알고리즘을 통해 유튜브의 채널이 잘 되려면 지금까지 설명드린 모든 것들을 시간을 투자하여 잘 만들어야 한다는 뜻입니다.

유튜브 스튜디오를 통한
최종화면, 링크 제작하기

유튜브를 보다 보면 영상 콘텐츠의 끝에 추가 영상을 보라는 듯이 홍보를 하는 것을 확인할 수 있을 것입니다. 이러한 최종화면에 들어가는 홍보영상들은 직접 입력을 할 수가 있습니다.

지금부터 그 방법을 알아보도록 하겠습니다.

01 유튜브 사이트로 접속을 하신 후 로그인을 합니다.

유튜브 사이트로 로그인을 하셨다면 오른쪽 상단에 있는 프로필을 선택하신 후 메뉴가 뜨면 [YouTube 스튜디오]를 클릭하여 스튜디오로 넘어갑니다.

02 YouTube 스튜디오에서 왼쪽 메뉴 중 [콘텐츠] 메뉴를 클릭합니다.

유튜브 스튜디오는 여러분들이 제작하고 있는 채널의 정보를 보여주는 곳입니다. 이곳에서 구독자, 조회수, 조회 기록 등 여러 가지를 확인할 수 있습니다.(사진자료는 수업용으로 사용 중인 채널입니다.)

03 채널 콘텐츠 아래에 있는 메뉴 중 동영상을 클릭하여 업로드한 영상을 한 가지 클릭합니다.

04 영상 콘텐츠를 클릭하시면 나오는 설정창입니다.

동영상 세부정보 설정 창에서는 영상 콘텐츠의 제목, 설명, 썸네일, 재생 목록, 분석 등 그외에도 여러 가지를 수정, 보완할 수 있는 장소입니다.
이곳에서 오른쪽 하단에 있는 최종 화면을 클릭합니다.

05 최종화면의 설정 창입니다.

최종화면에서 중간에 있는 동영상 2개를 클릭합니다. 지금 예제는 최종화면에 2개의 최종화면을 넣는 방법입니다. 혹시 1개나 다른 방식으로 하고 싶다면 요소 부분을 잘 살펴보시기 바랍니다.

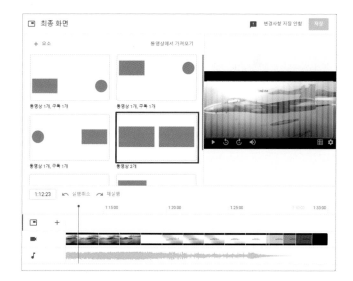

06 최종 화면에서 나올 영상을 선택할 수 있는 창입니다.

❶번에서는 2개의 동영상 위치를 확인한 후 수정을 하거나 그대로 사용하면 됩니다.
❷번에서는 동영상이 나오는 시간대를 설정하는 곳입니다. 드래그를 통하여 영상이 나오는 시간대를 수정이 가능합니다.
❸번에서는 특정 동영상 선택을 클릭하여 내가 원하는 영상을 등록할 수 있습니다.

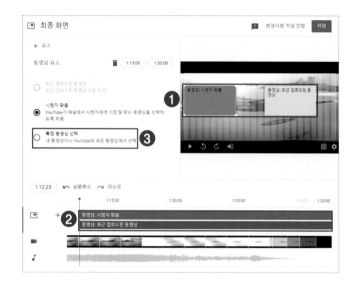

07 최종 화면의 마무리입니다.

원하는 영상을 클릭하면 최종 화면으로 넘어와 내가 원하는 영상이 재대로 설정이 되었는지 확인이 가능합니다. 그리고 마무리로 오른쪽 상단에 있는 [저장]을 누르시면 완료가 됩니다.

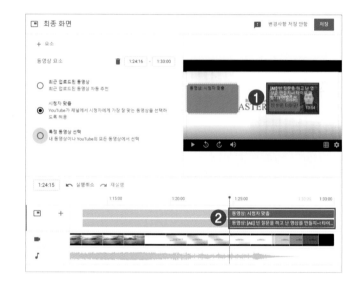

08 실제 등록된 화면입니다.

등록이 되었는지 확인을 한 후 종료 하시면 됩니다.

기획하고, 제작하고, 운영하는
1인 미디어
유튜브 크리에이터

1판 1쇄 인쇄 2022년 5월 10일
1판 1쇄 발행 2022년 5월 15일

—

지 은 이 선정훈, 황상현, 박장원
발 행 인 이미옥
발 행 처 디지털북스
정   가 15,000원
등 록 일 1999년 9월 3일
등록번호 220-90-18139
주   소 (03979) 서울 마포구 성미산로 23길 72 (연남동)
전화번호 (02)447-3157~8
팩스번호 (02)447-3159

—

ISBN 978-89-6088-400-7 (13000)
D-22-06
Copyright ⓒ 2022 Digital Books Publishing Co., Ltd

 **DIGITAL BOOKS**
디지털북스